AF282090

Prevención de riesgos laborales y medioambientales en las operaciones de montaje de instalaciones electrotécnicas y de telecomunicaciones en edificios

Francisco García Marín

ic editorial

Prevención de riesgos laborales y medioambientales en las operaciones de montaje de instalaciones electrotécnicas y de telecomunicaciones en edificios
© Francisco García Marín

1ª Edición

© IC Editorial, 2025

Editado por: IC Editorial
c/ Cueva de Viera, 2, Local 3
Centro Negocios CADI
29200 Antequera (Málaga)
Teléfono: 952 70 60 04
Fax: 952 84 55 03
Correo electrónico: iceditorial@iceditorial.com
Internet: www.iceditorial.com

ISBN: 978-84-1184-926-5
Depósito Legal: MA 1050-2025

Impresión: PODiPrint
Impreso en Andalucía – España

Nota de la editorial: IC Editorial pertenece a Innovación y Cualificación S. L.

Presentación del manual

El **Certificado de Profesionalidad** es el instrumento de acreditación, en el ámbito de la Administración laboral, de las cualificaciones profesionales del Catálogo Nacional de Cualificaciones Profesionales adquiridas a través de procesos formativos o del proceso de reconocimiento de la experiencia laboral y de vías no formales de formación.

El elemento mínimo acreditable es la **Unidad de Competencia.** La suma de las acreditaciones de las unidades de competencia conforma la acreditación de la competencia general.

Una **Unidad de Competencia** se define como una agrupación de tareas productivas específica que realiza el profesional. Las diferentes unidades de competencia de un certificado de profesionalidad conforman la **Competencia General,** definiendo el conjunto de conocimientos y capacidades que permiten el ejercicio de una actividad profesional determinada.

Cada **Unidad de Competencia** lleva asociado un **Módulo Formativo,** donde se describe la formación necesaria para adquirir esa **Unidad de Competencia,** pudiendo dividirse en **Unidades Formativas.**

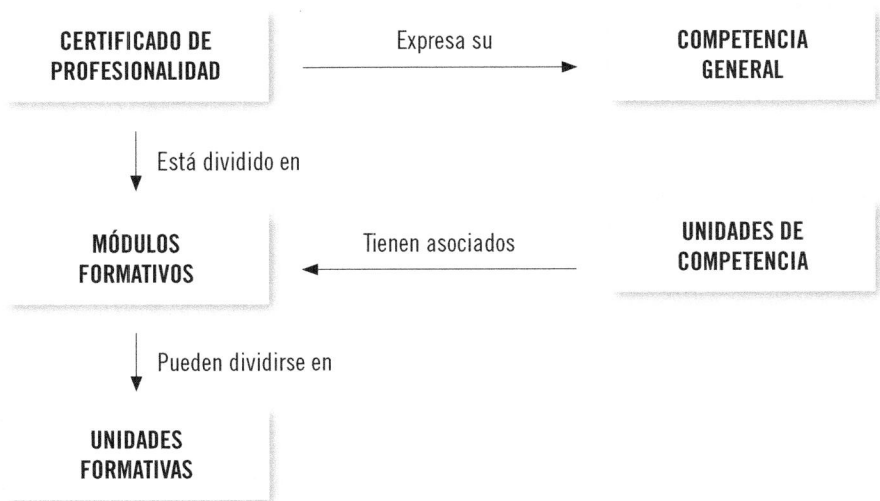

El presente manual desarrolla la Unidad Formativa **UF0540: Prevención de riesgos laborales y medioambientales en las operaciones de montaje de instalaciones electrotécnicas y de telecomunicaciones en edificios,**

perteneciente a los Módulos Formativos:

- **MF0816_1: Operaciones de montaje de instalaciones eléctricas de baja tensión y domóticas en edificios.**
- **MF0817_1: Operaciones de montaje de instalaciones de telecomunicaciones,**

asociados a las unidades de competencia:

- **UC0816_1: Realizar operaciones de montaje de instalaciones eléctricas de baja tensión y domóticas en edificios.**
- **UC0817_1: Realizar operaciones de montaje de instalaciones de telecomunicaciones,**

del Certificado de Profesionalidad **Operaciones auxiliares de montaje de instalaciones electrotécnicas y de telecomunicaciones en edificios.**

MF0816_1

OPERACIONES DE MONTAJE DE INSTALACIONES ELÉCTRICAS DE BAJA TENSIÓN Y DOMÓTICAS EN EDIFICIOS

Tiene asociado el ←

UNIDAD DE COMPETENCIA UC0816_1

Realizar operaciones de montaje de instalaciones eléctricas de baja tensión y domóticas en edificios

Compuesto de las siguientes
UNIDADES FORMATIVAS

UF0538
Montaje de elementos y equipos de instalaciones eléctricas de baja tensión en edificios

UF0539
Montajes en instalaciones domóticas en edificios

UF0540
Prevención de riesgos laborales y medioambientales en las operaciones de montaje de instalaciones electrotécnicas y de telecomunicaciones en edificios

UNIDAD FORMATIVA DESARROLLADA EN ESTE MANUAL

```
┌─────────────────────────┐        ┌─────────────────────────┐
│       MF0817_1          │  Tiene │  UNIDAD DE COMPETENCIA   │
│                         │asociado│       UC0817_1           │
│ OPERACIONES DE MONTAJE  │  el    │                         │
│   DE INSTALACIONES DE   │  ◄──── │   Realizar operaciones   │
│   TELECOMUNICACIONES    │        │ de montaje de instalaciones│
│                         │        │   de telecomunicaciones  │
└─────────────────────────┘        └─────────────────────────┘
```

Compuesto de las siguientes
UNIDADES FORMATIVAS

```
┌──────────────────────────────────────────────────┐
│                   UF0541                           │
│ Caracterización de los elementos y equipos básicos de │
│   instalaciones de telecomunicación en edificios   │
└──────────────────────────────────────────────────┘

┌──────────────────────────────────────────────────┐
│                   UF0542                           │
│  Montaje de elementos y equipos en instalaciones   │
│       de telecomunicación en edificios             │
└──────────────────────────────────────────────────┘

┌──────────────────────────────────────────────────┐
│                   UF0540                           │        UNIDAD
│        Prevención de riesgos laborales y           │       FORMATIVA
│     medioambientales en las operaciones de         │  <  DESARROLLADA
│  montaje de instalaciones electrotécnicas y        │     EN ESTE MANUAL
│    de telecomunicaciones en edificios              │
└──────────────────────────────────────────────────┘
```

FICHA DE CERTIFICADO DE PROFESIONALIDAD

(ELES0208) OPERACIONES AUXILIARES DE MONTAJE DE INSTALACIONES ELECTROTÉCNICAS Y DE TELECOMUNICACIONES EN EDIFICIOS (R. D. 683/2011, de 13 de mayo)

COMPETENCIA GENERAL: Realizar operaciones auxiliares, siguiendo instrucciones del superior, en el montaje y mantenimiento de instalaciones electrotécnicas y de telecomunicaciones en edificios para diversos usos e instalaciones, aplicando las técnicas y los procedimientos requeridos en cada caso, consiguiendo los criterios de calidad, en condiciones de seguridad y cumpliendo la normativa vigente.

Cualificación profesional de referencia	Unidades de competencia		Ocupaciones o puestos de trabajo relacionados:
ELES255_1 OPERACIONES AUXILIARES DE MONTAJE DE INSTALACIONES ELECTROTÉCNICAS Y DE TELECOMUNICACIONES EN EDIFICIOS (R. D. 1115/2007, de 24 de agosto)	UC0816_1	Realizar operaciones de montaje de instalaciones eléctricas de baja tensión y domóticas en edificios	• Ayudante del instalador de equipos y sistemas de comunicación • Ayudante del instalador reparador de instalaciones telefónicas • Ayudante del instalador y reparador de equipos telefónicos y telegráficos • Ayudante del montador de antenas receptoras/televisión satélites • Operario de instalaciones eléctricas de baja tensión • Peón de la industria de producción y distribución de energía eléctrica
	UC0817_1	Realizar operaciones de montaje de instalaciones de telecomunicaciones	

Correspondencia con el Catálogo Modular de Formación Profesional

Módulos certificado	Unidades formativas	Horas
MF0816_1: Operaciones de montaje de instalaciones eléctricas de baja tensión y domóticas en edificios	UF0538: Montaje de elementos y equipos de instalaciones eléctricas de baja tensión en edificios	80
	UF0539: Montajes en instalaciones domóticas en edificios	40
	UF0540: Prevención de riesgos laborales y medioambientales en las operaciones de montaje de instalaciones electrotécnicas y de telecomunicaciones en edificios	30
MF0817_1: Operaciones de montaje de instalaciones de telecomunicaciones	UF0541: Caracterización de los elementos y equipos básicos de instalaciones de telecomunicación en edificios	80
	UF0542: Montaje de elementos y equipos en instalaciones de telecomunicación en edificios	70
	UF0540: Prevención de riesgos laborales y medioambientales en las operaciones de montaje de instalaciones electrotécnicas y de telecomunicaciones en edificios	30
MP0118: Módulo de prácticas profesionales no laborales		80

Índice

Capítulo 4
Prevención y seguridad en el montaje de instalaciones electrotécnicas y de telecomunicaciones

Capítulo 1
Conceptos básicos sobre seguridad y salud en el trabajo

Contenido

1. Introducción

En el desempeño de las funciones laborales de cualquier persona, existe un riesgo inherente asociado a la actividad que realiza, que va en detrimento de la salud de la persona que la ejecuta y que puede afectar al resto de las personas de su entorno. En este contexto, es importante considerar los riesgos emergentes relacionados con pandemias y su impacto en la organización del trabajo, así como la necesidad de establecer protocolos específicos para situaciones excepcionales.

No quiere decir esto que trabajar sea peligroso, todo lo contrario, en cualquier caso es beneficioso, lo que ocurre es que, debido a la acción prolongada en la ejecución de una tarea sea del tipo que sea, puede producirse una disminución en la salud de la persona.

Algunas actividades profesionales son por naturaleza de materia peligrosas, como puede ser el caso de un instalador electricista, el cual está expuesto en ciertas fases de su trabajo a un riesgo que es inocuo hasta que no se manifiesta el poder de la energía, otras, que en principio son de naturaleza menos peligrosa, están expuestas a otros riesgos, como lo son las alturas, (caso de los instaladores de telecomunicaciones), en los que las torretas y mástiles a gran altura y de difícil acceso son denominador común. Quizás un artista que se dedique a plasmar la arquitectura contemporánea de la ciudad en sus lienzos esté sometido a riesgos menores.

Aunque los ejemplos de las actividades profesionales presentadas pueden estar entre los extremos de riesgo máximo y riesgo mínimo para la salud, ninguna de ellas deja de estar expuesta a cierto riesgo para la salud de las personas que las desarrollan.

A lo largo de este capítulo, se estudiarán los conceptos básicos relacionados con la seguridad y la salud en el trabajo.

2. El trabajo y la salud

El trabajo es un medio por el cual una persona obtiene un beneficio. En general, el trabajo consiste en el desarrollo de una actividad cuyo objetivo es proporcionar un bien necesario para los demás o para uno mismo. La finalidad de todo trabajo es la de la obtención de un bien.

El impacto de las pandemias en la salud mental de los trabajadores es un factor crítico a considerar. El estrés y la ansiedad generados por estas situaciones, combinados con nuevas formas de trabajo como el teletrabajo, requieren una atención especial. La prevención debe incluir estrategias para abordar los riesgos psicosociales, como el tecnoestrés y la desconexión digital.

El trabajo es una herramienta o un medio que proporciona una manera de conseguir cubrir ciertas necesidades. Por tanto, se puede deducir que el trabajo está relacionado con la salud de las personas.

Claro está que para que una persona desarrolle una actividad profesional debe disponer de la salud suficiente que le permita desarrollar dicha actividad. La consecuencia de esto es la enorme importancia y el nexo de unión existente entre trabajo y salud o salud y trabajo y que, por supuesto, se crearía una ruptura entre este nexo de unión si ambos factores fueran incompatibles.

Expuesto esto, se puede decir que es necesario cuidar de que el trabajo sea compatible con la salud, para lo que habrá que establecer ciertos criterios que permitan que el trabajo no solo sea compatible con la salud, si no que tienda a mejorar la salud de las personas.

Para entender en toda su amplitud la relación entre trabajo y salud y viceversa, se puede definir qué es la salud.

Según la Organización Mundial de la Salud (OMS), la salud es: "un estado completo de bienestar físico, mental y social y no solamente la ausencia de enfermedad o dolencia".

 **Actividades**

1. Reflexiona sobre las siguientes afirmaciones de la definición de la salud dada por la OMS:

   ı ¿Qué quiere decir estado completo de bienestar físico?
   ı ¿Qué quiere decir estado completo de bienestar mental?
   ı ¿Qué quiere decir estado completo de bienestar social?

2. Desde el anterior punto de vista, explique cómo puede afectar el trabajo al estado de bienestar físico, mental y social y, por tanto, la relación que existe entre el trabajo y la salud.

Una vez entendido qué es el trabajo, qué es la salud y la relación existente entre ambos, es perfectamente comprensible que se desarrollen unas herramientas para asegurar que trabajo y salud vayan siempre de la mano.

Para ello, surge la Ley de Prevención de Riesgos Laborales, en la que se establecen una serie de criterios de obligado cumplimiento en el desarrollo del desempeño de las actividades profesionales, cuyo objetivo es velar por la seguridad y la protección de la salud de los trabajadores.

 Nota

La normativa sobre prevención de riesgos laborales viene dada por la Ley 31/1995, de 8 de noviembre, de Prevención de Riesgos Laborales.

Una de las formas de actuación de la Ley de Prevención de Riesgos Laborales es mediante el uso de señales indicativas en zonas de posible peligro.

Ejemplo típico de señalización de peligros
relacionados con voltaje eléctrico

ALTA TENSIÓN
PELIGRO DE MUERTE

3. Los riesgos profesionales

Se ha tratado anteriormente sobre el desempeño del trabajo y la relación directa que existe entre este y la salud. También se ha apuntado algo sobre la peligrosidad de ciertas actividades profesionales, teniendo en cuenta que, en alguna medida, todas las actividades profesionales conllevan un riesgo para la salud.

Es evidente suponer que las actividades profesionales con mayor peligrosidad en el desempeño de sus funciones tienen más riesgo que las actividades profesionales con menor peligrosidad, por tanto, se puede deducir que, en función de la actividad profesional a desempeñar, habrá relacionados una serie de riesgos que puedan incidir directamente sobre la salud de la persona que la desarrolla.

Como objetivo primordial para evitar riesgos sobre la salud del trabajador, es necesario poder evaluar a qué riesgos puede estar sometido durante el desempeño de sus actividades profesionales, para lo que se crean relaciones entre actividades profesionales y riesgos a los que pueden estar sometidos quienes las ejerzan.

La Ley 31/1995 sobre Prevención de Riesgos Laborales, en su artículo 4 desarrolla una serie de definiciones de especial interés e importancia para entender en conjunto las funciones de esta ley. Entra otras definiciones, cabe destacar en este punto las siguientes:

- **Prevención:** conjunto de actividades o medidas adoptadas o previstas en todas las fases de actividad de la empresa con el fin de evitar o disminuir los riesgos derivados del trabajo.

- **Riesgo laboral:** posibilidad de que un trabajador sufra un determinado daño derivado del trabajo.
- **Daños derivados del trabajo:** enfermedades, patologías o lesiones sufridas con motivo u ocasión del trabajo.
- **Riesgo laboral grave o inminente:** aquel que resulte probable racionalmente que se materialice en un futuro inmediato y pueda suponer un daño grave para la salud de los trabajadores.
- **Procesos, actividades, operaciones, equipos o productos potencialmente peligrosos:** aquellos que, en ausencia de medidas preventivas específicas, originen riesgos para la seguridad y la salud de los trabajadores que los desarrollan o utilizan.
- **Condición de trabajo:** cualquier característica del trabajo que pueda tener una influencia significativa en la generación de riesgos para la seguridad y la salud del trabajador.

Citadas las definiciones anteriores de la Ley de Prevención de Riesgos Laborales, se puede entender un poco mejor todo el ámbito que abarca o pretende abarcarse con esta ley en materia de prevención de la salud.

 Actividades

3. Exprese con palabras propias las siguientes definiciones:

   ▪ Prevención.
   ▪ Riesgo profesional.
   ▪ Riesgo laboral grave.

4. Reflexione sobre la importancia que pueda tener la formación en materia de Prevención de Riesgo Laborales para un instalador electricista. ¿Considera que sería importante que la ley la estableciera como un principio general de la norma de Prevención de Riesgos Laborales?

4. Factores de riesgo

En el desempeño de las funciones de una actividad profesional, están presentes una serie de factores inherentes a la propia actividad que ponen en riesgo la salud del trabajador.

Se deben considerar condiciones medioambientales como la calidad del aire y la ventilación, aspectos críticos para prevenir contagios en el lugar de trabajo. Además, la adecuada gestión y uso de equipos de protección individual (EPI) es esencial en situaciones de riesgo biológico.

En el inicio de este capítulo, se pusieron como ejemplo dos actividades profesionales de gran peligrosidad, la de un instalador electricista y otro de telecomunicaciones. Entre las funciones a desempeñar por estos profesionales, están las de trabajos con elementos sometidos a tensiones eléctricas y trabajos en altura, por lo que los factores de riesgo importantes para estos serán la corriente eléctrica y la caída desde alturas peligrosas. Estos factores de riesgo pueden materializarse en un daño a la salud del instalador electricista o de telecomunicaciones. Otros factores de riesgo en la misma actividad profesional pueden ser los cortes por diversos elementos, etc.

El desempeño de la actividad profesional o, dicho de otro modo, las condiciones de trabajo y, por tanto, los factores de riesgo asociados a las condiciones de trabajo, son de vital importancia en materia de Prevención de Riesgos Laborales.

Obviamente, no todas las condiciones de trabajo y, por ello, los factores de riesgo son eludibles.

 Ejemplo

Precisamente, en la actividad del bombero, el factor de riesgo fundamenta a la propia actividad.

Cabe destacar que será fundamental para un trabajador conocer los factores de riesgo de la actividad profesional que desempeña. En la medida de lo posible, será necesario eliminar o atenuar los factores de riesgo y, en los casos en los que no sea posible, será necesario disponer de las herramientas necesarias para que estos no supongan un desencadenante de la puesta en riesgo de la salud del trabajador.

La normativa de Prevención de Riesgos Laborales define los servicios de prevención como una herramienta fundamental en materia de prevención. Para ello, determinadas empresas, que deben estar en condiciones de asesorar en materia de Prevención de Riesgos Laborales, evaluarán los factores de riesgos que puedan afectar a la seguridad y salud de los trabajadores y, una vez conocidos los factores de riesgo de una determinada actividad, se podrá llevar a cabo adecuadamente la planificación de las actividades preventivas.

Los factores de riesgo también están relacionados con las condiciones de seguridad donde se desempeña la actividad profesional, es decir, además de los factores de riesgo asociados a una actividad profesional, existen otros factores relacionados con el emplazamiento donde se desarrolla la actividad profesional y otros más generales. Se exponen a continuación alguno de estos:

- **Características generales de los locales** donde se desarrollen las actividades profesionales, como por ejemplo escaleras.
- La **maquinaria empleada** para el desarrollo de las actividades. En cada caso, existirá una maquinaria específica para la actividad a desarrollar.
- Las propias **instalaciones** del lugar de trabajo, como pueden ser instalaciones eléctricas, de gas, etc.
- Las **condiciones medioambientales** del lugar de trabajo, como pueden ser la exposición a agentes físicos y químicos, cambios extremos de temperatura, etc.
- La **manipulación de materiales de riesgo,** como pueden ser inflamables.
- Aspectos relacionados con las **cargas de trabajo y aspectos psicosociales,** como pueden ser el clima laboral, la motivación, etc.
- **Organización del trabajo,** con lo relacionado a la asignación de tareas, como por ejemplo la fatiga por asignación de tareas y cargas de trabajo.

De alguna manera, esta exposición de factores de riesgo viene a desarrollar con un poco más de amplitud lo que la Organización Mundial de la Salud define como salud.

Recuerde

Según la OMS, la salud es "un estado completo de bienestar físico, mental y social y no solamente la ausencia de enfermedad o dolencia".

Actividades

5. Realice un mapa conceptual en el que entren en juego los siguientes factores: trabajo, salud, evaluación de riesgos, factor de riesgo y prevención de riesgo.
6. Busque información sobre algunos de los factores de riesgo más importantes relacionados con las instalaciones electrotécnicas.

Aplicación práctica

Suponga que acaba de ser contratado por una empresa cuya actividad empresarial es la realización de instalaciones electrotécnicas y de telecomunicaciones en edificaciones.

¿Cuál es el medio por el cual debe conocer los factores de riesgo en el puesto que va a desempeñar?

SOLUCIÓN

La formación en materia preventiva, relacionada con el desempeño de las labores a realizar del puesto de trabajo.

5. Consecuencias y daños derivados del trabajo

Hasta aquí, se han tratado el trabajo, la salud, los riesgos en el trabajo, los factores de riesgo y la prevención de los riesgos. Como último punto a tratar en este capítulo, está el daño derivado del trabajo, cuya consecuencia es completamente indeseada e incompatible con la delicada y vulnerable relación entre trabajo y salud.

Se debe incluir la consideración de enfermedades profesionales derivadas de la exposición prolongada a agentes biológicos o condiciones inseguras durante pandemias. Asimismo, deben ampliarse las "otras patologías derivadas del trabajo" para incluir el impacto psicosocial y el síndrome de burnout en escenarios de crisis sanitaria.

La Ley de Prevención de Riesgos Laborales define en su artículo 4.3 como daños derivados del trabajo, "las enfermedades, patologías o lesiones sufridas con motivo u ocasión del trabajo".

Una consecuencia deseable del trabajo es la obtención de bienestar y, por tanto, de salud, ya sea adquirido por el aporte que este puede añadir a la realización personal de un individuo o por la adquisición de un bien en general que cubra las necesidades vitales o personales de los individuos.

Entre las consecuencias indeseables del trabajo, están los daños provocados a las personas. A continuación, se van a tratar las consecuencias derivadas e indeseadas del trabajo.

5.1. Accidente de trabajo

Un accidente de trabajo se produce al materializarse un determinado riesgo profesional. El accidente de trabajo es de carácter imprevisto, pero determinado, y su causa estará relacionada con la ejecución de una actividad profesional concreta.

La Organización Internacional del Trabajo (OIT) define la Seguridad Social como:

La protección que la sociedad proporciona a sus miembros, mediante una serie de medidas públicas, contra las privaciones económicas y sociales que, de no ser así, ocasionarían la desaparición o una fuerte reducción de los ingresos por causa de enfermedad, maternidad, accidente de trabajo o enfermedad laboral, desempleo, invalidez, vejez y muerte; y también la protección en forma de asistencia médica y de ayuda a las familias con hijos.

Según la Ley General de la Seguridad Social (LGSS), en su artículo 115, el accidente de trabajo se define como: "lesión corporal que el trabajador sufra con ocasión o por consecuencia del trabajo que ejecute por cuenta ajena".

Así, para que sea considerado un accidente de trabajo, tienen que darse las siguientes circunstancias:

- El trabajador debe haber sufrido una lesión corporal. Como lesión se entiende el daño o detrimento corporal causado por una herida o enfermedad, también las enfermedades psíquicas o psicológicas.
- Que el trabajador desarrolle una actividad por cuenta ajena (trabajo asalariado), estando los autónomos y empleados del hogar excluidos.
- El accidente de trabajo debe tener una relación directa entre lesión y trabajo.

Dentro de los accidentes de trabajo, también se incluyen las siguientes causas, de características especiales, pero que también tienen relación con este:

- Accidentes ocurridos durante los trayectos de ida o vuelta del trabajo, también denominados como accidentes *in itinere* (artículo 115.2.d LGSS).
- Accidentes ocurridos durante el desempeño de las funciones sindicales.
- Accidentes que, aún siendo distintos a los riesgos de una determinada actividad profesional, pueda realizar un trabajador siempre que sea en interés para la empresa o por una acción indicada por el empresario (artículo 115.2.c LGSS).

- Accidentes ocurridos por imprudencia profesional, que son debidos a la confianza y, por tanto, a las imprudencias derivadas que el trabajador puede mostrar en el desempeño de su actividad profesional (artículo 115.5.a LGSS).

Accidentes que no son considerados como accidentes de trabajo son los siguientes:

- Accidentes debidos a la imprudencia temeraria del trabajador, esto es, en general, cuando el trabajador ha actuado de manera contraria a las normas en materia de seguridad e higiene y además de forma reiterada (artículo 115.4.b LGSS).
- Accidentes debidos a dolo del trabajador accidentado, es decir, que el trabajador se ha provocado conscientemente un accidente con el fin de obtener una prestación (artículo 115.4.b LGSS).

 Actividades

7. Analice el porqué en el accidente de trabajo están excluidos los trabajadores por cuenta propia o autónomos y los empleados del hogar.
8. Busque información relacionada con las consecuencias que puede suponer a un autónomo o empleado del sector de las telecomunicaciones sufrir un accidente de trabajo en referencia a las posibles coberturas sociales y monetarias.

5.2. Enfermedad profesional

En el punto anterior, se ha visto que uno de los requisitos necesarios para considerar que una eventualidad en el trabajo sea accidente de trabajo es que esta provoque una lesión o enfermedad en el trabajador.

Ahora bien, ¿qué es una enfermedad profesional? La Ley General de la Seguridad Social, en su artículo 116, la define como:

La contraída a consecuencia del trabajo ejecutado por cuenta ajena en las actividades que se especifiquen en el cuadro que se apruebe por las disposiciones de aplicación y desarrollo de esta Ley, y que esta proceda por la acción de elementos o sustancias que en dicho cuadro se indiquen para cada enfermedad profesional.

Según la definición anterior, para que una enfermedad sea considerada profesional, se deberán cumplir los siguientes requisitos:

a. Que el trabajo sea desarrollado por cuenta ajena.
b. Que, además, sean derivadas de las actividades especificadas en el cuadro de enfermedades profesionales.
c. Que, además, la enfermedad proceda de la acción de los elementos o sustancias que en el cuadro de enfermedades profesionales se indiquen para cada enfermedad.

Asimismo, la Ley General de la Seguridad Social, en su artículo 115.2.e, especifica que, cuando una enfermedad tiene una relación con la exposición al trabajo, puede declararse como accidente de trabajo, aunque no venga incluida en el cuadro de enfermedades profesionales.

Las enfermedades profesionales se clasifican en seis grupos, en función de las causas que las provocan:

- **Grupo 1:** las causadas por agentes químicos.
- **Grupo 2:** las causadas por agentes físicos.
- **Grupo 3:** las causadas por agentes biológicos.
- **Grupo 4:** las causadas por inhalación de sustancias y agentes de otra naturaleza a los apartados anteriores.
- **Grupo 5:** las de la piel causadas por sustancias y agentes de otra naturaleza a los apartados anteriores.
- **Grupo 6:** las causadas por agentes carcinogénicos (que producen cáncer).

Sabía que...

Existe una lista adicional de enfermedades profesionales que no está incluida, cuyo origen está en estudio de la relación causa-efecto con el trabajo, que probablemente en un futuro será contemplada en el cuadro de enfermedades profesionales.

5.3. Otras patologías derivadas del trabajo

Se ha visto como el trabajo puede derivar en daños al trabajador. Entre estos, se han estudiado el accidente de trabajo y la enfermedad profesional, pero no solo estas patologías pueden estar presentes a causa de un daño derivado del trabajo. A continuación, se enumeran otras:

- **Carga de trabajo:** debida a un conjunto de requerimientos psicofísicos a los que se ven sometidas las personas en la jornada laboral. La carga de trabajo puede ser física o mental, dependiendo en cada caso del componente principal de la tarea a realizar.
- **Fatiga:** disminución de la capacidad física del individuo cuando ha estado sometido durante un período de tiempo. Generalmente, es una defensa del cuerpo cuando se acerca a su límite.
- **Patologías de los movimientos repetitivos:** lesiones producidas por pequeños traumatismos continuados. Generalmente, se dan en el sector industrial.
- **Estrés:** se produce cuando la persona percibe que las exigencias que se le demandan superan su capacidad para afrontarlas. Este factor está muy relacionado con la conducta de la persona ante determinadas situaciones de presión.
- **Insatisfacción laboral:** falta de desarrollo profesional, de gratificación, etc. Aunque no es una enfermedad profesional estrictamente, la presencia durante largos periodos de tiempo puede producir un detrimento en el bienestar y la salud psíquica de los trabajadores.

Existe una extensa cantidad de factores a los cuales los trabajadores se ven sometidos, ya sean accidentes de trabajo, enfermedades profesionales u otras patologías derivadas del trabajo.

Queda completamente justificada la existencia de una norma reguladora en la Prevención de Riesgos Laborales, cuyo objetivo es atenuar en la medida de lo posible el accidente de trabajo, la enfermedad profesional u otra patología derivada de este y, en cualquier caso, mantener el bienestar y la salud del trabajador.

 Actividades

9. Explique por qué la fatiga es una patología derivada del trabajo y las consecuencias que puede tener en la salud laboral de un técnico en instalaciones electrotécnicas.
10. Ponga algún ejemplo de cada una de las patologías derivadas del trabajo (vistas anteriormente) y determine qué influencias pueden tener en la salud del trabajador.

5.4. Repercusiones económicas y de funcionamiento

Cuando un factor de riesgo laboral se materializa, se produce un accidente laboral, pero quizás es necesario hacer una pequeña matización en este punto y es que si no se producen daños corporales, el accidente es más bien un incidente. En este caso, no habría que lamentar daños personales, aunque sí sería importante revisar las medidas de Prevención de Riesgos Laborales para que el afortunado incidente no desembocase en un lamentable accidente laboral la próxima vez.

Cuando ocurre un accidente laboral, este puede provocar tanto daños personales como daños materiales. En ambos casos, se altera la normalidad del trabajo, con lo que repercutirá en la producción en mayor o menor medida en función de la gravedad o importancia del hecho. En cualquier caso, repercute negativamente contra los intereses de la actividad profesional y, por tanto, negativamente sobre los resultados económicos de la actividad.

En algunas ocasiones, un accidente laboral puede provocar una revisión completa en materia de seguridad con el objetivo de detectar anomalías en la seguridad que puedan seguir produciendo accidentes laborales. Estas revisiones pueden llegar a paralizar una actividad completamente hasta que la resolución de los técnicos en Prevención de Riesgos Laborales dictamine la idoneidad del sistema.

En cualquier caso, nunca es deseable un incidente o un accidente laboral, ya que los resultados de estos son siempre dramáticos, tanto en lo humano, como en lo material o económico.

 Aplicación práctica

Durante el desempeño de su actividad laboral como instalador de telecomunicaciones, la empresa requiere una mayor carga de trabajo del personal laboral. La duración de este aumento de la carga de trabajo es indeterminada y, en principio, no existe recompensa económica por motivos de competencia empresarial y productividad de la empresa.

¿Qué consecuencias pueden traer estas circunstancias al trabajador?

SOLUCIÓN

1. Aparición de fatiga, debido al aumento de la carga de trabajo física o mental.
2. Aparición de estrés, por no poder cumplir con las exigencias.
3. Insatisfacción laboral, debido a la falta de gratificación.
4. Accidente laboral, a consecuencia de todos los factores anteriores (caída desde alturas peligrosas, electrocución, etc.).

6. Resumen

El trabajo se define como una herramienta fundamental tanto para el desarrollo personal como para la obtención de bienes y la cobertura de necesidades.

La salud es el estado completo de bienestar, tanto físico como psíquico y social.

Existe una relación entre el trabajo y la salud y una delicada armonía entre ambos.

Los riesgos profesionales consisten en la posibilidad de sufrir un daño en un trabajo.

Los factores de riesgo son los determinantes o desencadenantes de un posible accidente laboral y están relacionados directamente o son específicos de cada una de las distintas actividades profesionales.

El accidente de trabajo es una primera consecuencia de la materialización del factor de riesgo.

La enfermedad profesional está reconocida como una patología específica derivada del desempeño de una actividad.

Otro tipo de patologías son la fatiga, el estrés, la carga de trabajo y la insatisfacción laboral, que, aunque no son estrictamente una enfermedad profesional, pueden dar lugar a un detrimento de la salud del trabajador, debido a una exposición continuada de la jornada laboral.

Por último, se ha visto que, en cualquier caso, un daño derivado del trabajo tiene como resultado inminente consecuencias negativas, tanto personales como económicas.

Ejercicios de repaso y autoevaluación

1. **Indique cuál de las siguientes afirmaciones es correcta.**

   a. El trabajo es incompatible con la salud.
   b. El trabajo es compatible con la salud.
   c. El trabajo disminuye la salud.
   d. El trabajo es supletorio de la salud.

2. **Completa el texto utilizando las siguientes palabras: enfermedad, salud, incompleto, completo, social, psíquico, sí, no.**

   La _____ se define como un estado _____ de bienestar físico, mental y _____ y _____ solamente la ausencia de _____ o dolencia.

3. **Relacione las siguientes frases entre sí.**

   a. La Ley de Prevención de Riesgos Laborales...
   b. La prevención...
   c. Una actividad peligrosa...

   ___ ... es un conjunto de medidas adoptadas para disminuir los riesgos laborales.
   ___ ... es de obligado cumplimiento.
   ___ ... es entendida en ausencia de medidas preventivas.

4. **Indique cuál de las siguientes afirmaciones es correcta.**

   a. El riesgo laboral es la posibilidad de lamentar daños.
   b. El riesgo laboral es la posibilidad de que un trabajador sufra un determinado daño derivado del trabajo.
   c. El riesgo laboral puede ocurrir fuera de la jornada laboral.
   d. Todas las opciones son incorrectas.

5. ¿Qué es un riesgo laboral grave?

_____

_____

6. En las siguientes frases, ordene el proceso seguido para llevar a cabo las tareas de prevención de riesgos laborales.

___ Planificación de las actividades en materia preventiva.
___ Evaluación de factores de riesgos en la actividad profesional.
___ Entrega de los Equipos de Protección Individual.
___ Contacto con asesor en materia de Prevención de Riesgos Laborales.
___ Formación en materia preventiva de los trabajadores.

7. ¿Cuál de las siguientes entidades o normas realiza la siguiente definición de la salud? "Un estado completo de bienestar físico, mental y social y no solamente la ausencia de enfermedad o dolencia."

    a. La Ley de Prevención de Riesgos Laborales.
    b. La Ley General de la Seguridad Social.
    c. La Organización Mundial de la Salud.
    d. El Ministerio de Sanidad.

8. En el desempeño de la actividad profesional de instalaciones eléctricas y de telecomunicaciones, sabiendo que los factores de riesgo de la actividad son los contactos con tensiones peligrosas y las alturas, indique si se podría desarrollar en alguno de los entornos donde estuviesen presentes los siguientes factores de riesgo y justifíquelo.

    a. Tensiones peligrosas.
    b. Materiales explosivos.
    c. Exposición lumínica peligrosa.
    d. Sustancias corrosivas.

9. Indique cuál de las siguientes afirmaciones es correcta.

    a. Los factores de riesgo de una actividad profesional serán múltiples y no evaluables.

    b. Será fundamental para un trabajador conocer los factores de riesgo de la actividad profesional que desempeña.

    c. Para un trabajador, no es necesario conocer los factores de riesgo de la actividad profesional, sino para el técnico en prevención que deberá tomar las medidas oportunas.

    d. Todas las opciones son incorrectas.

10. Realice el siguiente crucigrama.

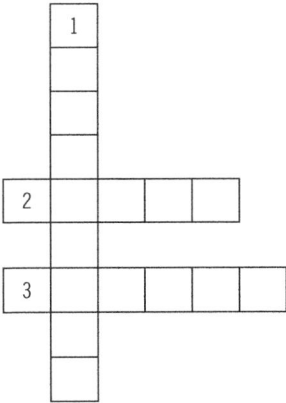

1. Herramienta fundamental para evitar accidentes.
2. Estado completo de bienestar físico, mental y social.
3. Posibilidad de que un trabajador sufra un determinado daño derivado del trabajo.

11. **Complete el texto utilizando las siguientes palabras: empresario, planificar, coordinador, evalúa, asesor, salud, conocidos, seguridad, determinada.**

Un _____ en materia de Prevención de Riesgos Laborales _____ los factores de riesgo que puedan afectar a la _____ y _____ de los trabajadores de una _____ actividad profesional. Una vez _____ los factores de riesgo, se podrán _____ las actividades preventivas.

12. **Relacione las siguientes frases entre sí.**

    a. Los factores de riesgo...
    b. La normativa de Prevención de Riesgos Laborales...
    c. Cabe destacar que será fundamental...

    __ ... también están relacionados con el emplazamiento del trabajo.
    __ ... que el personal laboral conozca los factores de riesgo de la actividad que desempeña.
    __ ... define los servicios de prevención como fundamentales.

13. **Indique cuál de las siguientes afirmaciones es correcta.**

    a. Un accidente de trabajo se produce al materializarse un determinado riego profesional.
    b. Un accidente de trabajo es una lesión sufrida por un trabajador.
    c. La relación entre accidente de trabajo y lesión tiene que ser indirecta.
    d. Todas las opciones son incorrectas.

14. **Indique al menos dos causas de características especiales que tengan relación con el accidente de trabajo.**

_____
_____
_____
_____
_____
_____
_____

15. **Busque la palabra incorrecta en el siguiente texto y sustitúyala por la que corresponda.**

Cuando ocurre un incidente laboral, este puede provocar tanto daños personales como daños materiales. En ambos casos, se altera la normalidad del trabajo, con lo que repercutiría en la producción en mayor o menor medida en función de la gravedad o importancia del hecho. En cualquier caso, repercute negativamente contra los intereses de la actividad profesional y, por tanto, negativamente sobre los resultados económicos de la actividad.

Capítulo 2

Riesgos generales y su prevención

Contenido

1. Introducción

Poner en práctica la Ley de Prevención de Riesgos Laborales es la mejor herramienta existente para erradicar la materialización de los accidentes de trabajo. Esta se basa en la evaluación inicial de los riesgos laborales asociados a las actividades profesionales y en la posterior puesta en marcha de medidas preventivas que eliminan o reducen los accidentes de trabajo y las enfermedades profesionales.

En este contexto, es importante destacar la incorporación de riesgos emergentes derivados de pandemias, como la exposición a agentes biológicos y su impacto en los entornos de trabajo. Además, se hace necesario incluir protocolos específicos de actuación en situaciones excepcionales, como las derivadas del COVID-19.

En este capítulo, se van a estudiar diferentes tipos de riesgos asociados a las actividades profesionales en instalaciones electrotécnicas y de telecomunicaciones en edificios, además de las medidas de prevención aparejadas a estos.

El objetivo del presente capítulo es la exposición concreta de todos los tipos de riesgos a los que se ven sometidos los trabajadores en el desempeño de sus actividades profesionales, abarcando todo el proceso productivo que se da durante la realización de las instalaciones electrotécnicas y de telecomunicaciones en edificios. Cabe destacar los riesgos relacionados con el manejo de las herramientas, con la manipulación de los sistemas de instalaciones eléctricas, con el almacenamiento de materiales y los riesgos derivados de la carga de trabajo, como son la fatiga física y mental y las consecuencias que pueden acarrear en la salud del trabajador.

Otro punto importante a tratar en el capítulo son las medidas preventivas de protección adoptadas, de manera tanto colectiva como individual, relacionadas con las instalaciones electrotécnicas y de telecomunicaciones en edificios.

2. Riesgos en el manejo de herramientas y equipos

Antes de comenzar, cabe recordar las definiciones que la Ley de Prevención de Riesgos Laborales ofrece sobre el término riesgo laboral:

- **Riesgo laboral:** la posibilidad de que un trabajador sufra un determinado daño derivado del trabajo.
- **Riesgo laboral grave o inminente:** aquel que resulte probable racionalmente que se materialice en un futuro inmediato y pueda suponer un daño grave para la salud de los trabajadores.

Vistas estas definiciones, se entiende claramente que en el entorno de trabajo existen multitud de elementos que pueden suponer un riesgo para la persona que desarrolla una actividad profesional.

Además, debido al avance de la ciencia y de la tecnología, existen cada vez más herramientas que pueden suponer un riesgo laboral grave para las personas. Afortunadamente, la ciencia y la tecnología avanzan también respecto a las medidas preventivas que se toman para que los riesgos sean cada vez menores.

Es fundamental incorporar medidas para la adecuada gestión de herramientas eléctricas modernas, incluyendo aquellas relacionadas con energías renovables y almacenamiento de baterías de litio, que presentan riesgos específicos de sobrecalentamiento, explosión o liberación de gases tóxicos.

 Ejemplo

Los dispositivos de protección, tanto magnetotérmicos, como diferenciales, como de protección contra sobretensiones, usados en cualquier tipo de instalación abastecida con energía eléctrica.

En este punto, se va a hacer referencia a herramientas y equipos de uso manual y a sus riesgos asociados. Para ello, se va a realizar una clasificación genérica de los distintos tipos de herramientas de uso manual:

- **Herramientas de corte:** tijeras, alicates, cúteres, etc. Este tipo de herramientas presentan principalmente riesgo de corte accidental mientras se procede a su manipulación.
- **Herramientas punzantes:** punzones, barrenas, etc. Este tipo de herramientas presentan riesgo de corte y de punción accidental mientras se manipulan.
- **Herramientas de golpeo:** martillos, mazos, etc. Este tipo de herramientas pueden producir lesiones por aplastamiento accidental mientras se manipulan.
- **Herramientas de desgaste:** limas, lijas, etc. El empleo de este tipo de herramientas puede producir lesiones superficiales en la piel.

 Actividades

1. Partiendo de la actividad profesional en instalaciones electrotécnicas y de telecomunicaciones en edificios, describir las herramientas que pueden producir un riesgo en el trabajo y los daños que pueden ocasionar al trabajador.

Dentro de las actividades del instalador electrotécnico y de telecomunicaciones en edificios, es habitual el uso de maquinaria para desarrollar las tareas propias de la actividad.

Ejemplo

Entre otras máquinas, se pueden encontrar taladros eléctricos, percutores eléctricos, cortadoras de disco, etc.

Los riesgos debidos tanto al propio funcionamiento de la maquinaria de trabajo como a los elementos que los conforman pueden caracterizarse como sigue:

- **Riesgos debidos a la presencia de tensión eléctrica en el equipo:** el riesgo existente está causado por dos motivos: tanto por contacto directo con las partes activas de la instalación como por contacto indirecto o contacto con las masas o chasis de la instalación puestas en tensión. Los daños asociados a las descargas eléctricas son asfixia, destrucción de tejidos nerviosos y musculares, paro cardiaco y quemaduras provocadas por el calor.
- **Riesgos debidos al ruido:** la presencia de ruido puede ocasionar trastornos fisiológicos y psicológicos, como son pérdida de la capacidad auditiva, estrés, aumento del ritmo cardiaco, constricción de los vasos sanguíneos, disminución de la actividad del aparato digestivo y de la actividad cerebral, etc. Los niveles más peligrosos comienzan a partir de los 80 dB, con exposición continua y en un periodo superior a 1 h.
- **Riegos debidos a maquinaria móvil:** como pueden ser carretillas, transportadoras, aparatos de elevación, etc. Presentan riesgos de atropello, de atrapamiento, etc.
- **Riesgos debidos a la proyección de elementos de la maquinaria:** sobre la persona que la manipula: como, por ejemplo, un disco de corte. Las lesiones pueden ser cortes, punción, aplastamiento, etc.
- **Riesgos debidos a la proyección de los materiales con los que trabaja la maquinaria:** pueden ser elementos pequeños, como pequeñas virutas de material o astillas de mayor tamaño. Pueden provocar cortes, lesiones oculares o afecciones respiratorias.

Actividades

2. De la actividad profesional de instalador de sistemas electrotécnicos y de telecomunicaciones en edificios, describir alguno de los equipos o maquinaria que pueden suponer un riesgo para el trabajador y los daños que pueden ocasionarle.

Evitar el daño que puede ocasionar el manejo de las herramientas y equipos de trabajo manual está en manos del trabajador. Además, puede ser muy fácil. En la mayoría de los casos, la solución pasa por el uso de un equipamiento de trabajo adecuado que proteja a los trabajadores contra los riesgos generales descritos anteriormente. Dentro de este equipamiento, cabe destacar:

- **Guantes de protección,** para evitar golpes y cortes.
- **Gafas de protección,** para evitar proyecciones en la cara y especialmente en los ojos.
- **Calzado de protección,** para evitar aplastamientos en pies,
- **Mascarillas,** para evitar la aspiración de pequeñas partículas.
- Alguna medida de protección en la maquinaria para evitar proyecciones indeseadas, como **protectores contra proyecciones.**

El equipamiento descrito anteriormente tiene como fin proteger al trabajador. A este equipamiento se le denomina **Equipo de Protección Individual (EPI).** En general, se puede entender el EPI como el equipamiento que deberá utilizar el trabajador cuando los riesgos laborales no se puedan evitar.

La Directiva 89/656/CEE, del Consejo de Gobierno de 30/11/1989, establece las disposiciones mínimas de seguridad y salud sobre el equipamiento de protección individual usado por los trabajadores.

La siguiente imagen muestra los distintos elementos de protección individual que un trabajador que realiza tareas en instalaciones electrotécnicas y de telecomunicaciones puede llegar a utilizar:

Elementos de protección para uso en las instalaciones electrotécnicas y de telecomunicaciones

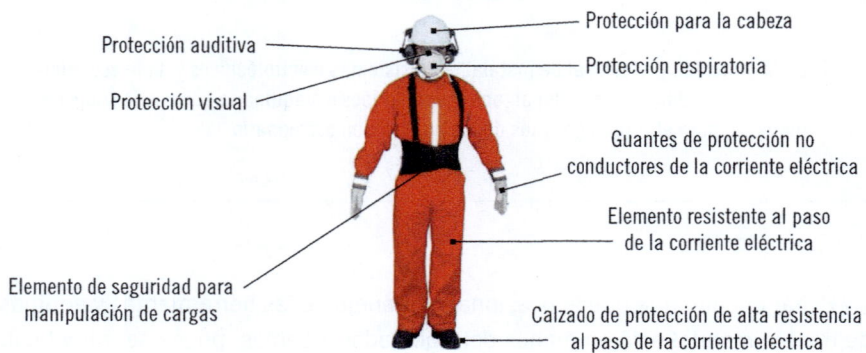

Protección auditiva

Protección visual

Protección para la cabeza

Protección respiratoria

Guantes de protección no conductores de la corriente eléctrica

Elemento resistente al paso de la corriente eléctrica

Elemento de seguridad para manipulación de cargas

Calzado de protección de alta resistencia al paso de la corriente eléctrica

 Nota

No es necesario el uso simultáneo de todo el Equipo de Protección Individual, ya que dependerá en cada caso de la actividad que se esté desarrollando.

 Actividades

3. Analice y enumere algunos de los riesgos laborales a los que pueden estar expuestos los instaladores de sistemas electrotécnicos y de telecomunicaciones en edificios.
4. De la actividad profesional de instalador de sistemas electrotécnicos y de telecomunicaciones, argumentar qué Equipos de Protección Individual deberá usar en función de las distintas tareas que estos profesionales deben desempeñar.

Aplicación práctica

Está trabajando en una empresa cuya actividad empresarial es el montaje de instalaciones eléctricas en el interior de edificaciones.

Realice una descripción de los riesgos a los cuales estará sometido durante la ejecución normal de los trabajos, qué Equipos de Protección Individual pueden evitar el accidente laboral.

SOLUCIÓN

1. Riesgos de cortes y golpes, debidos al uso y manejo de herramientas como alicates y martillos. De manera preventiva, se puede hacer uso de guantes con cierta rigidez mecánica.
2. Riesgos de contacto eléctrico directo, debidos al trabajo realizado en elementos de protección eléctrica, como pueden ser los debidos a revisiones de los cuadros de mando y protección. De manera preventiva, inicialmente, se debe desconectar la corriente eléctrica y, si no es posible, usar guantes con aislamiento eléctrico.
3. Riesgos de contacto eléctrico indirecto, que pueden deberse al contacto con elementos metálicos, como pueden ser chasis de motores eléctricos, puertas metálicas de armarios eléctricos, contacto con cuerpos metálicos de luminarias, etc. De manera preventiva, se pueden evitar estos riesgos mediante el uso de guantes con aislamiento eléctrico.
4. Caídas a distinto nivel, que pueden ser debidas a la realización de trabajos sobre escaleras o andamios, como por ejemplo en la sustitución de lámparas instaladas en garajes o partes del edificio de cierta altura. De manera preventiva, cabe asegurar tanto los elementos de elevación, como escaleras y andamios, además de al propio trabajador, mediante el uso de elementos homologados de seguridad.

3. Riesgos en la manipulación de sistemas e instalaciones

Cuando se trabaja con máquinas, los riesgos generados por estas quizá sean más tangibles y visibles que los provocados por otras situaciones.

En este apartado, se analizan sistemas o instalaciones que no tienen la consideración de máquinas, pero ello no quiere decir que dejen de ser elementos con factores de riesgo. Además, se deben incluir los riesgos asociados a la manipulación de sistemas avanzados como paneles solares, cargadores de vehículos eléctricos y dispositivos IoT, destacando la necesidad de capacitaciones específicas para su instalación y mantenimiento. A continuación, se expone una relación de alguno de estos sistemas, a los cuales es obligatorio prestarles el estudio y la atención necesaria en los planes de Prevención de Riesgos Laborales:

- Aparatos a presión.
- Recipientes a presión simples.
- Aparatos de gas.
- Instalaciones de gas.
- Instalaciones eléctricas.
- Almacenamiento de productos químicos.
- Instalaciones de calefacción, climatización y agua caliente sanitaria.
- Plantas e instalaciones frigoríficas.
- Instalaciones de protección contra incendios.
- Ascensores, aparatos de elevación y manutención.
- Instalaciones nucleares y radioactivas.
- Instalación y utilización de aparatos de rayos X con fines de diagnóstico médico.

Ejemplo de los riesgos por contacto eléctrico derivados de la manipulación de sistemas eléctricos

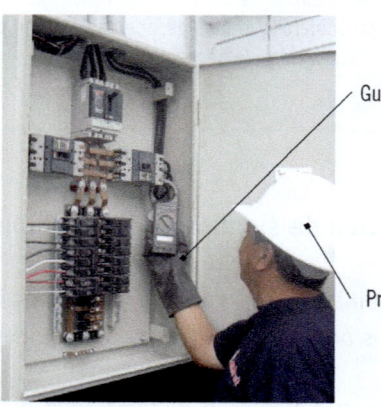

Guantes de protección para corriente eléctrica

Protección para la cabeza

 **Actividades**

5. Evalúe a qué tipo de riesgos puede estar sometido un trabajador que desempeñe las funciones de montaje de los elementos de fijación y orientación de los distintos tipos de antenas de telecomunicación para la edificación.

Se puede decir que estos sistemas e instalaciones, aunque pueden no pertenecer directamente a la actividad profesional del trabajador, sí pueden estar presentes y formar parte del lugar de trabajo donde se desarrolla la actividad profesional. Como estos sistemas e instalaciones presentan un riesgo para la salud del trabajador, es obvio que habrá que tratarlos como elementos de riesgo.

Para evitar totalmente los riesgos de los sistemas e instalaciones, fueron publicados los reglamentos técnicos específicos para cada una de las instalaciones y sistemas y las Instrucciones Técnicas Complementarias (ITC), cuyo objetivo es crear pautas de actuación a la hora de proceder y poner en marcha cualquiera de los sistemas e instalaciones expuestos anteriormente. De esta forma, se consigue que los elementos sean seguros y que se mantengan las condiciones adecuadas para que la seguridad no se vea nunca comprometida.

Refiriéndonos a las actividades de instalaciones eléctricas en edificios, el reglamento técnico específico que lo desarrolla es el Real Decreto 842/2002, de 2 de agosto, por el que se aprueba el Reglamento Electrotécnico de Baja Tensión (REBT). En él, se incluyen una serie de Instrucciones Técnicas Complementarias en las que se indican las pautas a seguir a la hora de realizar las distintas partes de una instalación eléctrica. El objetivo del reglamento, entre otros, es asegurar que tanto el integrante humano como material de los locales donde residen las instalaciones no sufran daño alguno y que se preserve la continuidad de la seguridad a lo largo de la vida útil de las instalaciones.

En cuanto a las instalaciones de telecomunicaciones en edificios, el Real Decreto 346/2011, de 11 de marzo, aprueba el Reglamento regulador de las infraestructuras comunes de telecomunicaciones para el acceso a los servicios de telecomunicación en el interior de las edificaciones. Al igual que con el Reglamento Electrotécnico de Baja Tensión, este desarrolla en su contenido las pautas a seguir en cada una de las partes de las instalaciones con el objeto de asegurar, entre otros fines, la seguridad en las instalaciones y que estas no sean motivo de riesgo para la salud de los ocupantes de la edificación.

 Actividades

6. Busque en Internet el Reglamento Electrotécnico de Baja Tensión y, sobre alguna Instrucción Técnica Complementaria que considere oportuna, escriba algunas características en el empleo de los materiales que constituyen las instalaciones eléctricas para evitar riesgos en los ocupantes de las instalaciones.
7. Con el mismo reglamento y sus instrucciones técnicas, busque ahora algunas características en el empleo de los materiales que constituyen las instalaciones eléctricas para evitar daños materiales de la propia infraestructura de las instalaciones.

4. Riesgos en el almacenamiento y transportes de cargas

La logística, el almacenaje y la distribución de mercancías hoy día ha adquirido gran importancia y volumen, existiendo empresas especializadas en la gestión de grandes mercancías que conllevan un almacenamiento y transporte posterior hasta el destino de la misma.

Tanto un pequeño almacén de una empresa de instalaciones electrotécnicas como los vastos almacenes de material eléctrico y de telecomunicación poseen riesgos relacionados con la carga, el almacenamiento y su transporte, variando la magnitud del riesgo proporcionalmente con los volúmenes de las cargas.

La mayoría de las operaciones de transporte y almacenamiento se encuentran en la actualidad altamente mecanizadas, existiendo gran variedad de equipos de elevación y manutención mecánica que realizan esta función.

El mayor y más frecuente peligro que conlleva la manipulación de estos equipos es el mal funcionamiento de sus elementos, hecho que puede dar lugar a graves consecuencias, ya sea por caída de objetos, caídas de altura, golpes o atrapamiento.

Los principales riesgos relacionados con el almacenamiento y transporte de cargas pueden clasificarse atendiendo a los siguientes criterios:

- **Riesgos debidos a la maquinaria usada para el almacenamiento:** debido a la alta mecanización del almacenamiento, existe una gran variedad de maquinaria para tal efecto, como son carretillas, elevadoras, cintas de transporte, etc. El riesgo presente es el de atropello, vuelco de la maquinaria o accidente con elementos activos de esta.
- **Riesgos debidos a los elementos estructurales de almacenamiento:** los volúmenes de almacenamiento tan elevados no son prácticos si la carga no se almacena en altura mediante el uso de estanterías y estructuras mecánicas diseñadas a tal efecto. Los riesgos presentes en este tipo de almacenamiento exponen al personal a peligros ante la posible caída de elementos estructurales.
- **Riesgos debidos a la caída de carga:** con motivo del almacenamiento en altura en estructuras y estanterías, el personal laboral estará expuesto a los riesgos derivados del almacenamiento de cargas en alturas, como por ejemplo las caídas de cargas sobre pasillos.

Las medidas de prevención adoptadas para evitar accidentes laborales en el almacenamiento y transporte de cargas pasan por un cálculo y diseño adecuado de las instalaciones. Se van a exponer algunos de los factores a tener en cuenta:

- Estudio de la naturaleza y resistencia del suelo.
- Estudio del sistema de trabajo.
- Estudio de las dimensiones, pesos y localización de la carga.
- Estabilidad y capacidad de las estructuras y estanterías.
- Estudio de las protecciones de las estructuras y estanterías ante posibles choques de la maquinaria con estas.
- Estudio de los pasillos de circulación y de servicio.

- Estudio de la señalización de los pasillos y señalización de los límites de carga de las estructuras y estanterías.
- Estudio de la iluminación para asegurar unas buenas condiciones lumínicas en los pasillos.
- Estudio de un programa adecuado de mantenimiento de todas las instalaciones.

Almacén de material eléctrico con maquinaria para la manipulación de grandes bobinas de cables

El Instituto Nacional de Seguridad e Higiene en el Trabajo (INSHT) dispone de una colección de Notas Técnicas de Prevención (NTP) cuyo objetivo es el de facilitar un manual de consulta.

En el caso de los riesgos en el almacenamiento de la carga, el INSHT dispone de la NTP852, la cual trata sobre el almacenamiento en estanterías y estructuras.

En la siguiente imagen, se muestra uno de los esquemas incluidos en la NTP 852. Este esquema resume en reglas generales las medidas de prevención que se llevan a cabo a la hora de la construcción de estanterías metálicas.

Esquema general de prevención en estanterías metálicas, incluido en la NTP 852

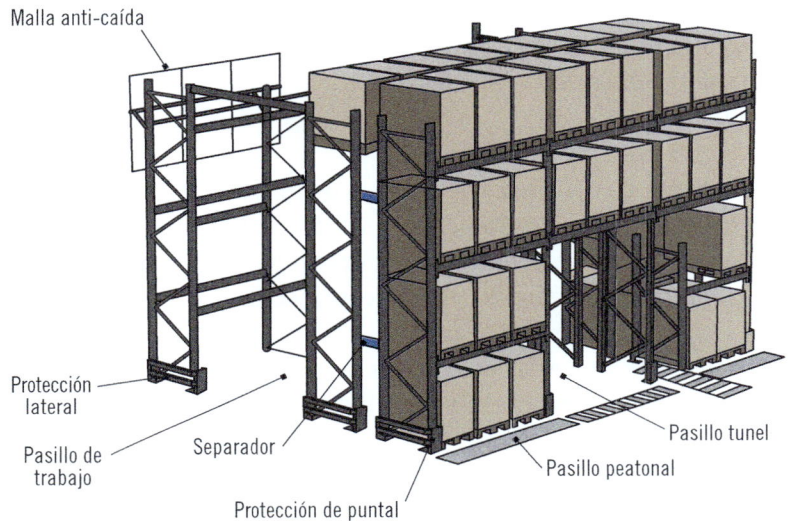

Actividades

8. Para un gran almacén en el que se apilen grandes bobinas de cableado eléctrico, ¿qué tipo de medidas preventivas se deben tomar ante distintas eventualidades, como por ejemplo: choques de la maquinaria con las estructuras de soporte, deformación de la estructura e incluso casos de fuerza mayor como posibles movimientos sísmicos?
9. ¿Es la limpieza importante desde el punto de vista de la seguridad en el trabajo, en el almacenaje y el transporte de cargas? ¿Por qué?

5. Riesgos asociados al medio de trabajo

Las condiciones del medio de trabajo pueden resultar nocivas para la salud del trabajador, tanto para su salud física como psíquica. Esto depende de las condiciones del medio de trabajo donde se realiza la actividad laboral.

En situaciones de pandemia, los riesgos derivados de la exposición a agentes biológicos (como virus y bacterias) deben incluirse en la evaluación inicial de riesgos. Las medidas preventivas deben abarcar desde el uso de EPI específicos hasta la ventilación adecuada y la desinfección regular de los espacios de trabajo.

En los lugares de trabajo donde existe la presencia de agentes físicos, químicos o biológicos incompatibles con la salud, puede producirse el contacto entre estos agentes y las personas. En tal caso, se rompe el equilibrio entre trabajo y salud, materializándose el accidente laboral.

Las condiciones expuestas anteriormente son conocidas como **riesgo higiénico** y tratadas por la rama de la Higiene Industrial.

 Definición

Higiene Industrial
Conjunto de técnicas que estudia el medio ambiente físico, químico o biológico del trabajo para prevenir el desarrollo de enfermedades profesionales.

5.1. Exposición a agentes físicos, químicos o biológicos

A continuación, se van a exponer las características generales por la exposición a agentes físicos, químicos o biológicos y los efectos sobre la salud del trabajador.

Agentes físicos

Se pueden considerar como los más habituales las condiciones climáticas del lugar del trabajo. Los parámetros fundamentales a tener en cuenta son la temperatura y la humedad.

Estos parámetros, junto con la actividad física que se desarrolle, la intensidad y la velocidad del aire, pueden ocasionar unas malas condiciones termohigrométricas con efectos adversos sobre la salud del trabajador. Dependerá de la capacidad de aclimatación que cada persona tenga.

Los efectos directos de unas malas condiciones de aclimatación son los resfriados, la deshidratación, los golpes de calor, la congelación, la fatiga. Todo ello puede desembocar en un accidente de trabajo.

Otros agentes físicos a tener en cuenta son la iluminación, el ruido y radiaciones de diversas naturalezas.

En relación a las actividades de instalaciones electrotécnicas y telecomunicaciones en edificios, suelen ser habituales los trabajos realizados en el exterior, al aire libre.

Ejemplo

La instalación de una antena de televisión. Esta actividad, en zonas sureñas en verano, puede ser muy peligrosa si es realizada en exposición directa al sol sin las precauciones suficientes.

Agentes químicos o biológicos

Las condiciones de trabajo pueden provocar la entrada en el cuerpo humano de agentes químicos o biológicos. Estos pueden producir en el mismo un daño de forma inmediata o a largo plazo.

Las vías principales de introducción de los agentes biológicos en el cuerpo humano son las vías respiratorias, la dermis, la vía digestiva y la vía parenteral (que se introduce en el organismo por vía distinta de la digestiva, como la intravenosa, la subcutánea, la intramuscular, etc.).

En estos casos, son de vital importancia las medidas de prevención en toda su amplitud, ya que los efectos negativos que pueden producir son de carácter grave sobre la salud del trabajador.

Como principales agentes químicos, cabe citar el amianto, el plomo y el cloruro de vinilo monómero.

Como contaminantes biológicos, cabe citar, según la naturaleza a la que pertenecen, bacterias, virus, hongos y parásitos.

5.2. El fuego

Es importante tener en cuenta que, en casi la totalidad de los lugares de trabajo donde se desarrollan las actividades profesionales, existen elementos combustibles, como pueden ser el mobiliario o el material de oficina. Si a esto se le suman los desencadenantes de incendios existentes en estado latente, como las instalaciones eléctricas, las instalaciones de gas, etc., en un momento determinado, la combinación de ambos factores puede provocar un incendio.

 **Ejemplo**

Un cortocircuito en las instalaciones eléctricas puede desencadenar un fuego si este se origina cerca de un material combustible como el papel.

Para que el fuego no sea un factor de riesgo en el lugar de trabajo, es necesario tomar todas las medidas preventivas posibles. Además, las propias reglamentaciones técnicas sobre distintos tipos de instalaciones y sus Instrucciones Técnicas Complementarias de obligado cumplimiento indican con exactitud las pautas a seguir para que, entre otros objetivos, las instalaciones dispongan de seguridad frente al fuego.

La seguridad de las instalaciones frente al fuego hay que entenderla desde dos puntos de vista distintos, uno en el que el fuego fuese ocasionado por causas ajenas a la instalación eléctrica, en cuyo caso las instalaciones eléctricas no deben ser elementos propagadores de la llama, y otro en que las propias instalaciones eléctricas pudiesen ser el desencadenante del incendio (igualmente, en este caso los elementos de las instalaciones eléctricas deben ser ignífugos). Un ejemplo concreto respecto a las características o propiedades de los elementos que integran las instalaciones es el que se indica en el Reglamento Electrotécnico de Baja Tensión. La ITC 15 (Instalaciones de enlace. Derivaciones individuales) hace referencia a las propiedades físicas del cable frente al fuego. Textualmente, indica:

- Los cables serán no propagadores del incendio y con emisión de humos y opacidad reducida.
- Los elementos de conducción de cables con características equivalentes como no propagadores de la llama.

Puede observarse cómo la propia reglamentación de obligado cumplimiento se encarga de actuar de manera preventiva, de forma que la elección de los elementos constituyentes de las instalaciones eléctricas, como son el cableado y los elementos de conducción, no provocará la propagación de la llama.

 Actividades

10. Para la actividad de instalador de sistemas electrotécnicos y de telecomunicación en edificios, ¿a qué tipo de riesgos a agentes químicos y riesgos a agentes biológicos puede estar expuesto el trabajador?
11. Además de las medidas de prevención tomadas por las propias reglamentaciones técnicas para evitar la aparición del fuego, como es el caso del uso de materiales que no propagan la llama, ¿qué otras medidas se pueden tomar en caso de que se originase un incendio?

6. Riesgos derivados de la carga de trabajo

La carga de trabajo es el conjunto de requerimientos a los que se ve sometida una persona en el desempeño de la actividad laboral.

Se pueden distinguir los riesgos según el requerimiento sobre la persona de dos formas distintas:

- Cuando el trabajo supone un esfuerzo intelectual, se hablará de carga mental.
- Cuando el trabajo supone un esfuerzo muscular, se hablará de carga física.

6.1. La fatiga física

La fatiga física viene derivada de la carga de trabajo físico. Las causas son debidas a esfuerzos físicos, a posturas continuadas en el puesto de trabajo y a la manipulación manual de cargas.

Dicha carga también puede ser derivada por uso de equipos y maquinaria modernos, como las plataformas elevadoras o los brazos robóticos, y su impacto en la salud musculoesquelética.

Los efectos adversos de la carga física se materializan en trastornos musculoesqueléticos. Estos trastornos son alteraciones que sufren los músculos, las articulaciones, los tendones, los ligamentos, los nervios, los huesos y el sistema circulatorio.

Alguna de las patologías relacionadas con las cargas de trabajo son: lumbalgias, tendinitis, mialgias, hernias de disco, etc.

Muchas de las enfermedades relacionadas con trastornos musculoesqueléticos (TME) cuyo origen es laboral no son reconocidas como tales, pasando al Sistema Público de Salud como enfermedades comunes.

**Porcentajes de las zonas de dolencias del cuerpo
relacionadas con las actividades profesionales**

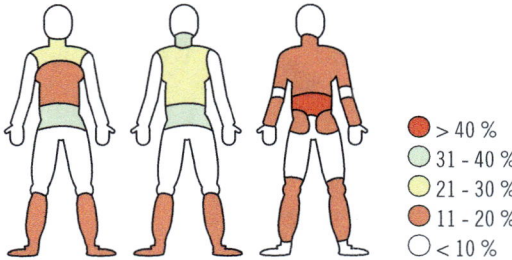

- ● > 40 %
- ○ 31 - 40 %
- ● 21 - 30 %
- ● 11 - 20 %
- ○ < 10 %

? Sabía que...

Los trastornos musculoesqueléticos (TME) constituyen el problema de salud de origen laboral más frecuente entre los trabajadores europeos.

Existen diversos factores de riesgo que hacen peligrosa la manipulación manual de cargas y, por tanto, aumentan la probabilidad de que se produzca una lesión. En el caso concreto de las lesiones de espalda, los riesgos están relacionados con cuatro aspectos característicos de la manipulación manual de cargas.

La manipulación manual de cargas es responsable de muchos factores de riesgo, como la aparición de fatiga física o bien de lesiones, que se pueden producir de una forma inmediata o por la acumulación de pequeños traumatismos aparentemente sin importancia.

Pueden lesionarse tanto los trabajadores que manipulan cargas regularmente , como de forma ocasional. Aparecen lesiones musculoesquéticas, en cualquier zona del cuerpo, pero son más sensibles los miembros superiores y la espalda, en especial la zona dorsolumbar.

Posición correcta para el manejo de cargas

En las actividades de instalaciones electrotécnicas, es habitual el manejo de carga pesada, como es el caso de las bobinas de cableado eléctrico. Es necesario prestar especial cuidado a la hora de su manipulación y evitar sobresfuerzos de carga.

6.2. La fatiga mental

La fatiga mental viene derivada de la carga de trabajo intelectual. Las causas son debidas a esfuerzos intelectuales continuados en el puesto de trabajo: demasiada información, demasiado compleja, tiempo disponible insuficiente para realizar las labores, etc.

 Ejemplo

Piénsese en un caso en el que se tiene que solucionar un problema eléctrico en diferentes cuadros de mando y protección de una urbanización de viviendas que, por defecto, hayan sido mal diseñados; además, es época estival y el problema principal es la alimentación de las bombas de impulsión de suministro de agua y de la piscina. Este tipo de situaciones suele provocar una tensión que acaba con la capacidad de reacción del trabajador.

Los efectos adversos de la carga mental se materializan en cefaleas, ansiedad, insomnio, agresividad, depresión, etc. Otro efecto puede ser el tecnoestrés, causado por la necesidad de manejar múltiples herramientas digitales y *software* avanzados en poco tiempo, especialmente en trabajadores de telecomunicaciones.

La sensación de fatiga mental indica la necesidad de descanso. Este es un mecanismo de defensa que tiene el organismo: aparece en el cuerpo y la mente pone en marcha este sistema de defensa sin que se sea consciente de ello.

Para evitar la aparición de la fatiga mental, es fundamental fortalecer la propia capacidad de resistencia. Para ello, es necesario mejorar los hábitos de alimentación, descanso y ejercicio.

Además, es necesario poder realizar pausas en el trabajo. Muy importante es que las pausas puedan ser distribuidas según las necesidades del trabajador y que estas realmente permitan desconectar del trabajo.

6.3. La insatisfacción laboral

La insatisfacción laboral es el malestar y la pérdida de interés que experimenta un trabajador en el desempeño de su trabajo. Normalmente, aparece cuando experimenta un nivel alto de fatiga que no es recompensado de manera alguna.

Los efectos en el trabajo son pérdidas de concentración, baja relación de esfuerzo/resultado, disminución de la capacidad de asimilar información y aumento progresivo de los errores.

Los efectos de la insatisfacción laboral debidos a la carga de trabajo, ya sea física o mental, afectan, además de la salud del trabajador, a la productividad de la empresa. Conociendo esto, las empresas de hoy día ya toman medidas para que el trabajo no suponga disidencia en el trabajador.

Formas de prevenirla son mediante la gestión adecuada de equipos de trabajo, en la que se permita rotar al personal laboral y promocionarlo.

Además, igualmente importante es controlar los siguientes factores para disminuir la insatisfacción laboral:

- Adaptar las cargas de trabajo en función de cada persona.
- Formar adecuadamente al trabajador en función de las tareas a desarrollar.
- Mantener un ambiente de trabajo afable y confortable.
- Alternar las tareas para descansar la concentración.
- Establecer objetivos parciales de trabajo.
- Proporcionar una visión clara de objetivos.
- Establecer las pausas oportunas a cada puesto de trabajo.
- Mantener las condiciones ambientales de trabajo adecuadas.

 Actividades

12. Aporte alguna acción que el trabajador de una empresa pueda tomar si las acciones creadas por la empresa no son suficientes para eliminar la aparición de la insatisfacción laboral.
13. ¿Cómo puede repercutir en un trabajador de una compañía de instalaciones y reparaciones de antenas de televisión la motivación durante el desempeño de sus actividades profesionales?
14. ¿Qué riesgos puede conllevar esta situación?

7. La protección de la seguridad y salud de los trabajadores

Es la ciencia de la salud en el trabajo la encargada de desarrollar las técnicas preventivas que logran reducir los accidentes laborales.

Estas técnicas se basan en un análisis minucioso de los factores de riesgo de las actividades laborales y la puesta en práctica de las acciones preventivas correspondientes. De esta manera, se controlan los riesgos de los propios equipos y del entorno de trabajo.

Puede decirse que la seguridad es una técnica preventiva que localiza y analiza los riesgos laborales, planteando soluciones de manera preventiva para evitar la manifestación de los accidentes de trabajo.

La Organización Internacional del Trabajo (OIT) establece el principio de protección de los trabajadores respecto a los accidentes de trabajo y las enfermedades.

La OIT ha establecido más de 40 normas que tratan específicamente la seguridad y salud en el trabajo.

Se pueden clasificar en dos grupos las medidas que se pueden tomar para garantizar la protección de la seguridad y salud de los trabajadores:

- Protección colectiva: medidas tomadas para garantizar la seguridad y la salud del colectivo de los trabajadores.
- Protección individual: medidas tomadas para garantizar la seguridad y la salud de un solo trabajador.

7.1. La protección colectiva

Se entiende por protección colectiva aquella técnica de seguridad cuyo objetivo es la protección simultánea de varios trabajadores expuestos a un determinado riesgo.

El apartado h) del artículo 15 de la LPRL (Principios de la acción_preventiva) especifica que, dentro de las medidas a tomar respecto a la prevención de riesgos, hay que adoptar medidas que antepongan la protección colectiva a la individual.

Una vez adoptadas tales medidas y como complemento de estas, se pueden utilizar medidas de protección individual, para uso exclusivo de una persona.

Ejemplo

En una empresa de instalaciones de cuadros de automatismos eléctricos, una de las medidas de protección colectiva es la puesta a tierra de todas las partes metálicas de los cuadros eléctricos, puertas de seguridad de los cuadros, señalización de peligro de alto voltaje, etc.

Desde el punto de vista preventivo, es más efectiva la utilización de medidas de protección colectiva, ya que son más seguras y abarcan a un mayor número de personas. En caso de que estas no sean totalmente efectivas o se degraden, las medidas de protección individual entrarán en juego.

Ejemplo

Para el ejemplo anterior, una de las medidas de protección individual llevada a cabo puede ser el uso de guantes aislantes de la corriente eléctrica.

Algunos métodos de protección utilizados para la protección colectiva en las instalaciones electrotécnicas y de telecomunicaciones son:

- Cuadros eléctricos debidamente puestos a tierra.
- Puertas de los cuadros eléctricos con seguridad.
- Señalización de los elementos sometidos a tensiones peligrosas.
- Protecciones magnetotérmicas, diferenciales y contra sobretensiones.
- Barandillas, pasarelas y escaleras en zonas de acceso con riesgo de caídas.
- Sistemas de ventilación para habitáculos en los que existen instalados sistemas eléctricos o electrónicos.

- Extintores de incendios adecuados para la extinción en zonas sometidas a tensiones eléctricas.
- Señalizaciones e indicativos de los distintos voltajes a los que trabajan los sistemas electrotécnicos.
- Orden y limpieza.

Aunque existen multitud de medidas de protección colectiva, en general, el criterio es aplicar protección a una colectividad.

Recuerde

Las medidas de protección colectiva priman sobre las de protección individual, aplicándose estas cuando no sea posible eliminar los riesgos de forma colectiva.

7.2. La protección individual

Se entiende por Equipo de Protección Individual (EPI) cualquier equipo destinado a ser utilizado o empleado por el trabajador para que le proteja de uno o varios riesgos que puedan amenazar su seguridad o salud, así como cualquier complemento o accesorio destinado a tal fin.

La protección personal tiene por objeto proteger al trabajador frente a peligros potenciales que se producen durante una actividad laboral determinada.

Ejemplo

El calzado de seguridad, entre otras funciones, tiene como objeto proteger al pie frente a caídas de objetos punzantes.

La protección personal debe considerarse como una técnica complementaria a la protección colectiva.

Los equipos de protección personal deben:

- Ser de uso individual e intransferible.
- Ajustarse a las características anatómicas del usuario.
- Cada usuario debe ser instruido sobre las características de los equipos que se les entregan, sus posibilidades y sus limitaciones. Tales especificaciones deberán darse por escrito.
- Ser mantenidos y conservados correctamente:

  - Responsabilidad del usuario.
  - Controlado por el empresario.

Se puede hacer una clasificación de los medios de protección en función de la parte del cuerpo que protejan.

Medios parciales

Protegen una zona concreta del cuerpo.

Ejemplos de estos EPI son:

- Protección del cráneo: cascos.
- Protección de la cara y el aparato visual: gafas.
- Protección del aparato auditivo: cascos de protección acústica, tapones, etc.
- Protección de las extremidades inferiores: calzado y plantillas de seguridad.
- Protección de las extremidades superiores: guantes específicos a cada actividad.
- Protección de las vías respiratorias: mascarillas.
- Herramientas de mano con aislamiento eléctrico, como alicates, destornilladores.
- Otros materiales aislantes y protectores contra estáticas, como esterillas con alto aislamiento eléctrico, pulseras antiestáticas, etc.

- Mascarillas FFP2/FFP3, gafas de protección y guantes específicos, esenciales en trabajos con exposición a agentes infecciosos.

Medios integrales de protección

Protegen al individuo frente a riesgos que no actúan sobre partes o zonas determinadas del cuerpo, proporcionando de esta forma una seguridad integral o completa sobre todo el organismo.

Ejemplos de estos tipos de EPI son: ropa de trabajo, prendas de señalización, cinturones de seguridad anticaídas, etc.

 ## Actividades

15. En un edificio de la administración pública, como puede ser una biblioteca, un hospital, etc., indicar qué medios de protección colectiva pueden existir, en lo que se refiere a los sistemas electrotécnicos y de telecomunicaciones, como por ejemplo los cuadros eléctricos y las salas de telecomunicaciones, que normalmente tienen este tipo de edificios como dotación para cubrir todas sus necesidades.
16. Exponga qué medidas de protección colectiva e individual se deben tomar concretamente para llevar a cabo conexiones eléctricas con los elementos bajo tensión, como por ejemplo en el caso de conexiones de acometidas subterráneas para dar servicio a las edificaciones.

 ## Aplicación práctica

Indique los elementos de protección individual de primera instancia que debe proporcionar la compañía de instalaciones eléctricas y de telecomunicaciones para desarrollar el desempeño de las labores sin que se vea comprometida la propia seguridad y salud.

Continúa en página siguiente >>

<< Viene de página anterior

SOLUCIÓN

1. Guantes aislantes de protección eléctrica, para la realización de tareas bajo tensión.
2. Guantes protectores contra golpes, para realización de tareas con herramientas de corte, golpe, etc.
3. Calzado de seguridad apropiado para la actividad, con aislamiento eléctrico, suela de seguridad contra la perforación de objetos y protección para el empeine del pie contra caída de objetos.
4. Herramientas de trabajo aisladas adecuadamente contra contacto eléctrico (alicates, destornilladores, etc.).
5. Esterilla aislante de la electricidad, usada para manipulación de sistemas bajo tensión.
6. Pulsera antiestática.
7. Gafas de protección contra proyecciones, para realizar corte con maquinaria
8. Cascos de protección acústica, para el uso de maquinaria de perforación.

---

8. Resumen

Se han descrito en este capítulo los riesgos debidos a la utilización de herramientas manuales de corte, punzantes, de golpeo y de desgaste, que, en general, producen pequeñas contusiones y cortes.

Los riesgos debidos a maquinaria con tensión eléctrica, maquinaria móvil y maquinaria de elevación son, en general, aplastamiento, atrapamiento y *shock* eléctrico por contacto.

Los riesgos derivados de las instalaciones en los lugares de trabajo, como pueden ser las propias instalaciones eléctricas, las instalaciones de climatización, los aparatos a presión, el almacenamiento de químicos, etc. Todo este tipo de instalaciones dispone de una reglamentación propia con Instrucciones Técnicas Complementarias para prevenir los riesgos.

Los riesgos debidos al almacenaje de cargas son principalmente accidentes con la propia maquinaria de trabajo y caídas de carga desde diferentes alturas o de los propios elementos de las estructuras.

Los riesgos ante agentes físicos son la temperatura y la humedad, cuyas patologías son de carácter leve por regla general.

Los riesgos ante agentes químicos o biológicos pueden desembocar en enfermedades de forma inmediata o a lo largo de los años, con carácter más severo que las anteriores.

Los riesgos derivados de la fatiga física son normalmente debidos a esfuerzos musculares.

Los riesgos debidos a esfuerzos intelectuales se deben normalmente a demasiada carga de trabajo en poco tiempo.

La insatisfacción laboral es generada normalmente por una falta de recompensa ante esfuerzos continuados en el trabajo.

Entre los medios de protección para la seguridad de las personas, se pueden distinguir las protecciones colectivas y las individuales, primando las primeras sobre las segundas.

Ejercicios de repaso y autoevaluación

1. **Indique cuál de las siguientes afirmaciones es correcta.**

    a. Riesgo laboral es la posibilidad de que un trabajador sufra un determinado daño derivado del trabajo.
    b. Riesgo laboral grave es aquel que sobrepasa heridas superficiales.
    c. Los riesgos laborales son generalmente inevitables, es una utopía pensar lo contrario.
    d. Todas las opciones son incorrectas.

2. **Complete el texto utilizando las siguientes palabras: controlados, cotidiana, prevención, riesgo, entorno, profesional, riesgos.**

    En el _____ de trabajo, pueden existir multitud de elementos que puedan suponer un _____ para la persona que desarrolla una actividad _____. Los _____ pueden ser _____ mediante la _____.

3. **Relacione las siguientes frases entre sí.**

    a. Las herramientas de corte manual...
    b. Las herramientas de corte eléctrica...
    c. Las herramientas de golpeo...

    ___ ... presentan principalmente riesgo de proyección ocular.
    ___ ... presentan principalmente riesgo de corte accidental.
    ___ ... presentan principalmente riesgo de aplastamiento accidental.

4. **Indique cuál de las siguientes afirmaciones es correcta.**

    a. Solo los trabajadores dedicados a realizar instalaciones eléctricas tienen riesgo de de sufrir contacto eléctrico.
    b. Una de las primeras medidas preventivas es aplicada por los reglamentos técnicos en los que se dispone la manera segura de realizar las instalaciones de los sistemas.

c. Las Instrucciones Técnicas Complementarias no tienen relación alguna con la seguridad.

d. Todas las opciones son incorrectas.

5. **¿Qué riesgos existen en el almacenamiento de la carga?**

_____

_____

6. **Ordene adecuadamente las siguientes frases.**

___ Comprobar la existencia de tensión eléctrica.

___ Colocación de guantes aislantes de tensión eléctrica.

___ Colocación de calzado de alta resistencia eléctrica.

7. **Tache la palabra incorrecta.**

Durante el montaje de un mástil para una antena de televisión en un edificio, es (obligatoria) (recomendable) la instalación de puesta a tierra. (A veces) (Siempre) será necesario el uso de protección para la cabeza. Para el trabajo en alturas, es (obligatorio) (recomendable) el uso de sistemas anticaídas.

8. **Reordene siguiente la frase para que tenga sentido.**

Es recomendable durante el proceso previamente de desconexión de la corriente eléctrica la reparación de un sistema eléctrico.

9. **Indique cuál de las siguientes afirmaciones es correcta.**

a. Los riesgos en el almacenamiento de la carga dependen solo de si esta carga es peligrosa.

b. Es importante el ahorro energético sobre todo en la iluminación y no está comprometido con la seguridad en el almacenamiento de la carga.

c. La limpieza puede ser un factor fundamental para evitar riesgos en el almacenamiento de las cargas.

d. Todas las opciones son incorrectas.

10. **Complete el texto utilizando las siguientes palabras: psíquica, medio, salud, condiciones, actividad, saludables, nocivas.**

Las condiciones del _____ de trabajo pueden resultar _____ para la _____ del trabajador, tanto para su salud física como _____. Esto depende de las _____ del _____ de trabajo donde se realiza la _____ laboral.

11. **Relacione las siguientes frases entre sí.**

    a. La exposición a agentes físicos están relacionada con...
    b. La exposición a agentes químicos están relacionada con...
    c. La exposición a agentes biológicos están relacionada con...

    ___ ... bacterias, virus, hongos y parásitos.
    ___ ... la temperatura y la humedad.
    ___ ... minerales y productos diversos, como amianto, plomo, etc.

12. **¿Atendiendo a qué criterios pueden clasificarse los riesgos principales relacionados con el almacenamiento y el transporte de cargas?**

_____
_____
_____
_____

13. **La principal vía para la introducción de agentes químicos...**

    a. ... es la cutánea.
    b. ... es la respiratoria.
    c. ... son las vías respiratorias, la dermis, la vía digestiva y la vía parenteral.
    d. Todas las opciones son incorrectas.

14. **Indique al menos dos características de los materiales usados en las instalaciones eléctricas y de telecomunicaciones que previenen la aparición del fuego.**

_____
_____

15. Defina los conceptos de fatiga física y fatiga mental.

Capítulo 3
Actuación en emergencias y evacuación

Contenido

1. Introducción

Hasta ahora, se ha tratado la importancia en la Prevención de Riesgos Laborales, viendo cómo la mejor herramienta para evitar un accidente es el estudio previo de los factores de riesgo de una determinada actividad por un asesor competente en materia preventiva y, en consecuencia a los resultados obtenidos, la actuación correspondiente de las medidas preventivas adoptadas para tales factores de riesgo.

Cuando se desata el desastre y se materializa el riesgo laboral, no queda otra opción que actuar dentro de lo posible, para que los efectos adversos del accidente laboral se minimicen y queden relegados en su mínima expresión.

Así, la importancia de una buena planificación y conocimiento de cómo se debe actuar en una emergencia es vital.

Este capítulo desarrolla de forma global todas las fases desde que ocurre un accidente hasta que el/los accidentado/s se ponen en manos de los profesionales correspondientes. No se trata aquí de ser capaz de resolver una situación de emergencia por sí solo, ni mucho menos. Obviamente, esto le corresponde a todo el gremio de profesionales involucrados, esto es, desde los cuerpos de atención telefónica, coordinación, apoyo, sanitarios, seguridad, evacuación, etc., pero no por eso es menos importante conocer cómo actuar y aprovechar la oportunidad irrepetible de los primeros instantes de tiempo, que son decisivos para tener como resultado un buen desenlace.

2. Tipos de accidentes

Recuérdese la definición que da La Ley General de Seguridad Social en su artículo 115 al accidente de trabajo: "toda lesión corporal que el trabajador sufra con ocasión o por consecuencia del trabajo que ejecute por cuenta ajena".

Recuérdese también que un riesgo laboral es la posibilidad de que un trabajador sufra un daño derivado del trabajo.

Se expone a continuación una lista de riesgos en los lugares de trabajo y, por tanto, los distintos tipos de accidente de trabajo que el Instituto Nacional de Seguridad e Higiene en el Trabajo (INSHT) recoge en su NTP 592:

- Caídas de personas al mismo nivel.
- Caídas de personas a distinto nivel: factor de riesgo derivado de la actividad de instalaciones de telecomunicaciones en edificios.
- Caída de objetos por desplome o derrumbamiento.
- Caída de objetos en su manipulación: estos accidentes se producen durante la ejecución de trabajos en altura, estando relacionados con las actividades de instalaciones electrotécnicas y telecomunicaciones en edificios, normalmente producidos por dejar estos sin una fijación segura.
- Caída de objetos desprendidos.
- Pisadas sobre objetos.
- Choques contra objetos inmóviles.
- Choques contra objetos móviles.
- Golpes o cortes por objetos o herramientas.
- Proyección de fragmentos o partículas.
- Atrapamiento por o entre objetos.
- Atrapamiento por vuelco de máquinas o vehículos.
- Sobreesfuerzos.
- Exposición a temperaturas ambientales extremas.
- Contactos térmicos.
- Contactos eléctricos directos: factor de riesgo derivado de la actividad de instalaciones electrotécnicas en edificios, debido a contacto con elementos activos de equipos.
- Contactos eléctricos indirectos: factor de riesgo derivado de la actividad de instalaciones de electrotécnicas en edificios, debido a contactos con partes metálicas de equipos.
- Exposición a sustancias nocivas o tóxicas.
- Contactos con sustancias cáusticas o corrosivas.
- Exposición a radiaciones.
- Explosiones.
- Incendios.
- Accidentes causados por seres vivos.
- Atropellos o golpes con vehículos.

Se puede observar la gran variedad de accidentes laborales y su distinta naturaleza. Cada uno de estos accidentes tiene una relación directa con alguna actividad profesional.

Nota

En el caso de la actividad profesional de instalaciones electrotécnicas y de telecomunicaciones en el interior de edificios, alguno de estos accidentes o riesgos no tienen relación directa con la actividad profesional.

Alguno de los accidentes de trabajo derivados de la actividad profesional en instalaciones electrotécnicas y de telecomunicaciones en el interior de edificios son los contactos eléctricos directos e indirectos a causa de la manipulación de los sistemas de protección eléctrica y otros más generales, como golpes o cortes por objetos y herramientas y caídas desde distinto nivel.

Entre las causas que pueden dar lugar a accidentes relacionadas con las actividades de instalaciones electrotécnicas y de telecomunicaciones en edificios, destacan:

- Zonas de operación desprotegidas o insuficientemente protegidas (por ejemplo arquetas).
- Ausencia de alarmas (por ejemplo marcha atrás maquinaria).
- Paro de emergencia inexistente o ineficaz (maquinaria peligrosa).
- Productos peligrosos no identificados (por ejemplo zonas de alto voltaje).
- Inestabilidad en almacenaje por apilado.
- Protección frente a contactos eléctricos directos inexistentes o defectuosos.
- Aberturas y huecos desprotegidos.
- Escaleras inseguras o en mal estado.
- Falta de orden y limpieza.
- Iluminación incorrecta.

- Uso indebido de herramientas o útiles de trabajo.
- Fatiga física.
- Fatiga mental.
- Falta de corrección de riesgos ya detectados.
- Inexistencia de EPI necesarios o no ser estos adecuados.

Es importante observar cómo la falta de cumplimiento de la normativa en materia de Prevención de Riesgos Laborales conlleva inevitablemente la fatalidad de un accidente de trabajo.

 Sabía que...

La electricidad puede producir daños de 4 modos diferentes:

I Electrocución: a partir de 30 mA las corrientes a través del cuerpo son muy peligrosas.
I Caídas como consecuencia de electrocución.
I Fuente de ignición en ambientes inflamables.
I Inicio de incendios a consecuencia de sobrecargas en las redes.

 Actividades

1. Para los casos relacionados con los accidentes de trabajo usuales en la actividad de instalaciones electrotécnicas y de telecomunicaciones, exponga los tipos de accidentes usuales y las causas que los originan.
2. Frente a las causas que provocan accidentes de trabajo, en este caso los relacionados con las instalaciones electrotécnicas y de telecomunicaciones, indique desde el punto de vista personal cuál es el motivo de que estas causas existan y cómo erradicarlas.

3. Evaluación primaria del accidentado

Ante un accidente de cualquier tipo, es primordial actuar de manera adecuada, rápida y eficaz.

El cerebro es el órgano más delicado del cuerpo y la falta de oxígeno puede ocasionar lesiones irreversibles en muy poco tiempo.

Al producirse un accidente, se deben recordar las siglas PAS, que corresponden a la secuencia de actuación para atender a un accidentado:

- **Proteger:** es necesario asegurarse de que tanto el accidentado como uno mismo está fuera de todo peligro.
  Por ejemplo, antes de atender a una persona que ha sufrido una electrocución, hay que asegurase de que ha sido desconectada la corriente. En otro caso, los resultados de la actuación podrían suponer una fatalidad.
- **Avisar:** avisar o activar a los servicios de emergencia.
- **Socorrer:** una vez protegido y avisado, se podrá actuar sobre el accidentado, de manera que se puede realizar una evaluación primaria y, posteriormente, una evaluación secundaria.

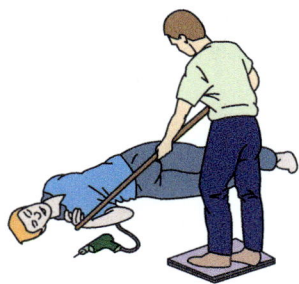

Socorro ante una electrocución. En caso de no poder cortar la corriente, se debe usar una alfombrilla aislante bajo los pies y una pértiga de madera para aislarlo del conductor

La evaluación primaria sobre el accidentado consiste en reconocer los signos vitales, que son la consciencia, la respiración y el pulso, siguiendo este orden.

Diagrama de actuación en caso de emergencia

1.º Proteger
↓
2.º Avisar
↓
3.º Socorrer ⟶ Evaluación primaria ⟶

A) Consciencia
B) Respiración
C) Pulso

Evaluación secundaria ⟵

Una vez que se compruebe la presencia de consciencia o respiración, se procederá a la evaluación secundaria o reconocimiento de signos no vitales.

4. Primeros auxilios

Se pretenden ofrecer los pasos a seguir en la técnica de Soporte Vital Básico (SVB), para que cualquier persona sin conocimientos especiales en medicina sepa lo que debe hacer ante una situación de emergencia y, concretamente, ante un paro respiratorio.

 **Definición**

Soporte Vital Básico (SVB)
Conjunto de medidas que tienen como finalidad prevenir el paro cardiorrespiratorio en situaciones de emergencia, si este no se ha producido.

La técnica de Soporte Vital Básico se realiza sin material y consiste en una secuencia de 4 pasos:

1. Proteger al accidentado y a uno mismo.
2. Comprobar si el accidentado se encuentra consciente.
3. Comprobar si el accidentado respira.
4. Comprobar si el accidentado tiene pulso.

Como se comentó anteriormente, a la hora de socorrer a una víctima, se debe realizar una evaluación primaria o reconocimiento de los signos vitales. Estos son: comprobación de la consciencia, de la respiración y del pulso, siguiendo esta secuencia.

Se expone a continuación la manera de proceder para realizar estas comprobaciones.

Reconocimiento de la consciencia

En este caso, se le preguntará al accidentado cómo se encuentra, qué le ha pasado. Si este contesta, es una señal inequívoca de que está consciente, respira y tiene pulso. En caso de que no responda, se le aplicará un estímulo doloroso (pellizcarle) para ver cómo reacciona, es decir, si emite gemidos, mueve la cabeza o abre los ojos. En caso de que no exista ningún tipo de reacción, el accidentado se encuentra inconsciente. Entonces, en la medida de lo posible sin tocarlo (por poder tener lesiones óseas), se comprobará su respiración.

Reconocimiento de la respiración

Partiendo del punto de que el accidentado está inconsciente, es posible encontrarse con dos situaciones:

- **Que respire:** en tal caso, obviamente el corazón funciona y, por tanto, tendrá pulso. Si el accidente no es traumático, es recomendable colocarlo en la Posición Lateral de Seguridad o PLS, denominación usada en el argot del socorrismo. Esta posición evita las posibles consecuencias de un vómito (bronco-aspiración) y la caída de la lengua hacia la faringe, evitando que la lengua obstruya la vía de entrada de aire.

Posición lateral de seguridad

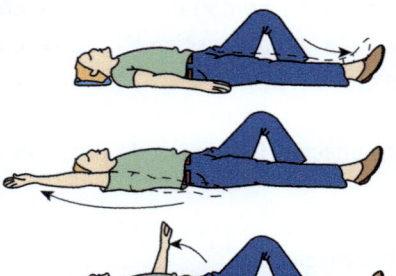

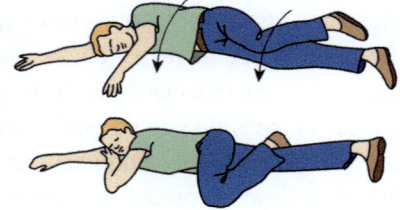

- **Que no respire:** en tal caso, sin perder tiempo, el accidentado será colocado en posición decúbito supino, es decir, estirado y mirando hacia arriba, independientemente de si la lesión es traumática o no. Después, se comprobará que en la boca no tiene cuerpos extraños, para posteriormente abrir las vías aéreas por hiperextensión del cuello, mediante la maniobra de fronto-mentón. En muchas ocasiones, esta es suficiente para que el accidentado recupere la respiración.

Maniobra frente-mentón realizada
para abrir las vías aéreas

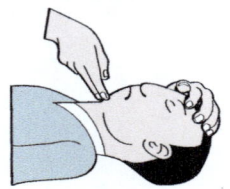

 **Definición**

Maniobra de hiperextensión del cuello
Se realiza poniendo una mano en la frente que empujará hacia abajo y la otra en la nuca que tirará hacia arriba. Esto consigue estirar el cuello, elevando la mandíbula y, por tanto, la base de la lengua, logrando la apertura de las vías aéreas.

En el caso en el que la respiración no se inicie, será necesario realizarle la respiración artificial o boca a boca, que consta de dos tiempos:

1. Preparación del accidentado para la respiración:

   ▪ Tender al accidentado boca arriba.
   ▪ Eliminar los posibles cuerpos extraños que pudiera tener en la boca.

2. Practicar la respiración:

   ▪ Realizar al accidentado la maniobra de hiperextensión del cuello.
   ▪ Insuflar aire por la boca al accidentado, tapando previamente la nariz. Notar cómo el pecho del accidentado se eleva cuando se insufla aire.
   ▪ Repetir las insuflaciones durante 5 s.

Reconocimiento del pulso

Una vez que el accidentado retoma la respiración, es necesario vigilar el funcionamiento cardíaco. Esto se realiza mediante la toma del pulso carotídeo, por estar este más cercano al corazón y ser de fácil localización. Para ello, se colocan los dedos índice y corazón en el cuello, al lado y por debajo de la nuez de Adán.

Toma del pulso carotídeo

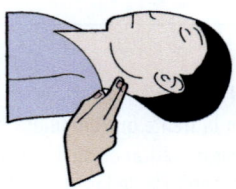

Importante

Para el reconocimiento de la respiración en un accidentado, se debe utilizar la vista, el oído y el tacto, acercando la propia mejilla o el dorso de la mano a la boca-nariz del accidentado y, mirando hacia el pecho. Se podrá observar el movimiento torácico o abdominal, escuchar la salida del aire y notar en la mejilla el calor del aire exhalado.

En las actividades de instalaciones electrotécnicas, uno de los factores de riesgos frecuentes son las descargas eléctricas. Estas se manifiestan en el accidentado como una pérdida repentina del conocimiento, pulso débil, cuerpo rígido y signos de quemaduras. En caso de que no respire, será necesario aplicar respiración artificial rápidamente. Probablemente sea necesario aplicar masaje cardíaco, ya que el efecto del *shock* suele paralizar el corazón o descompasar el mismo. En cualquier caso, se seguirán las indicaciones genéricas vistas sobre primeros auxilios.

Actividades

3. Busque información acerca de cómo realizar la respiración artificial a un accidentado en caso de *shock* eléctrico.
4. Realice un esquema detallado de cómo se debe proceder para realizar un masaje cardíaco y las precauciones que se deben tomar.

5. Socorrismo

La persona que está presente en el lugar donde se ha producido un accidente debe aplicar las técnicas básicas de soporte vital al accidentado.

Para ello, esta persona, que hará las veces de socorrista, debe actuar manteniendo la serenidad y realizar las evaluaciones primarias rápidamente.

Recuerde

La actuación del socorrista empieza con el PAS, es decir, Proteger, Avisar y Socorrer, utilizando siempre este orden.

La acción del socorrista es hacer frente a un riesgo inmediato y vital, como puede ser una parada respiratoria o cardíaca, y evitar o disminuir el riesgo de complicaciones posteriores del accidentado.

Cuando se realicen acciones de socorrismo ante situaciones en que la electrocución se produce en una línea de alta tensión, es imposible prestar los servicios de socorrismo de primeros auxilios al accidentado, ya que puede ser muy peligroso acercarse a cierta distancia de las líneas de alta tensión.

Cuando se realicen acciones de socorrismo ante situaciones en las que esté presente la corriente eléctrica, es fundamental desconectar la corriente antes de socorrer al accidentado. Si no fuera posible, se deberá usar algún elemento no conductor de la corriente eléctrica para separar los cables conductores del cuerpo del accidentado.

Cuando los accidentes ocurran a altura, como es el caso de accidentes en mástiles o torretas de antenas, es probable que el accidentado quede colgado con los sistemas de seguridad en altura. En tal caso, para prestar ayuda al accidentado, habrá que asegurar el suelo circundante con elementos que amortigüen la posible caída del accidentado.

6. Situaciones de emergencia

La Ley 31/1995, de 8 de noviembre, de Prevención de Riesgos Laborales, en su artículo 20, habla sobre las medidas de emergencia a tomar en distintas actuaciones.

El empresario, teniendo en cuenta el tamaño y la actividad de la empresa, así como la posible presencia de personas ajenas a la misma, deberá analizar las posibles situaciones de emergencia y adoptar las medidas necesarias en materia de primeros auxilios, lucha contra incendios y evacuación de los trabajadores, designando para ello al personal encargado de poner en práctica estas medidas y comprobando periódicamente, en su caso, su correcto funcionamiento. El citado personal deberá poseer la formación necesaria, ser suficiente en número y disponer del material adecuado, en función de las circunstancias antes señaladas. Para la aplicación de las medidas adoptadas, el empresario deberá organizar las relaciones que sean necesarias con servicios externos a la empresa, en particular en materia de primeros auxilios, asistencia médica de urgencia, salvamento y lucha contra incendios, de forma que quede garantizada la rapidez y eficacia de las mismas.

Por tanto, las situaciones de emergencia deben estar previstas y debe existir un plan de emergencia preestablecido.

En función de la gravedad de la situación de emergencia, estas se pueden clasificar en distintos niveles:

■ Conato de emergencia.
■ Emergencia parcial.
■ Emergencia general.
■ Evacuación.

Las acciones que se deberán tomar ante una situación de emergencia serán:

- Alertar de la forma más rápida posible.
- Activar alarmas para evacuar al personal.
- Intervenir para el control de la emergencia.
- Apoyo para los servicios de ayuda exterior.

Es aconsejable, para la correcta coordinación y control de la situación de emergencia, centralizar el control de la información en un mismo lugar.

7. Planes de emergencia y evacuación

Un plan de emergencia debe establecer los recursos humanos y materiales que deben emplearse para combatir una emergencia, así como la forma de hacerlo.

Si se recibe una orden de evacuación, hay que observar los siguientes pasos:

- Seguir las instrucciones de los equipos de intervención contra incendios.
- Mantener la calma. Se debe evitar gritar para no aumentar la histeria colectiva.
- Evacuar rápidamente, pero sin correr. Andar cerca de la pared.
- No retroceder para recoger objetos personales.
- No hacer uso de los ascensores para abandonar el lugar en caso de incendio.
- Cerrar puertas y ventanas que se encuentren en el camino de la evacuación.
- Si existe un punto de reunión para emergencias, dirigirse y permanecer en él hasta que se indique.
- Si existe humo que dificulta la respiración, desplazarse agachado, gateando y, si es posible, colocarse un pañuelo mojado sobre la boca y nariz.
- Si se prende la ropa, no huir corriendo, hay que revolcarse por el suelo dando vueltas sobre el cuerpo, con la intención de extinguir las llamas.
- Si se está atrapado, tapar con trapos húmedos todas las rendijas por donde pueda penetrar el humo y hacer notar la presencia hasta ser rescatado.

Actividades

5. Durante su actividad como instalador electricista y de telecomunicaciones en el interior de edificios, comente en qué situaciones de evacuación puede verse involucrado durante el desarrollo habitual de la actividad.

8. Información de apoyo para la actuación de emergencias

Existe un documento, llamado Manual de emergencia, en el cual se desarrolla todo lo referente a las acciones a realizar en las situaciones de emergencia.

Además de este documento, existen otros que, de manera esquemática, ayudan a recordar las actuaciones de emergencia correspondientes a cada trabajador.

Recuerde

Las situaciones de emergencia deben estar previstas y debe existir un plan de emergencias preestablecido.

La Ficha individual de actuación podría ser uno de estos documentos. En ella, se indican de manera resumida, para cada puesto de trabajo, las acciones a efectuar según la situación de emergencia.

FICHA INDIVIDUAL DE ACTUACIÓN

Área de seguridad: Sistemas de alimentación eléctrica
Puesto de trabajo: Operario sala de control de energía
Fecha última revisión ficha

ACCIONES A EFECTUAR SEGÚN LA SITUACIÓN DE EMERGENCIAS

CONATO	EMERGENCIA PARCIAL	EMERGENCIA PARCIAL	EVACUACIÓN
Asegurarse de que los parámetros del proceso están en normas. Atacar la causa de la emergencia sin arriesgarse en exceso. Comunicar con el centro de control de emergencias.	Asegurarse de que los parámetros del proceso están en normas. Pulsar timbre de alarma. Comunicar con el centro de control de emergencias. Esperar órdenes en el panel de control.	Desde el panel de control, parar las instalaciones que puedan agravar la situación. Esperar confirmación del operario de campo. Integrarse en el Grupo Estratégico correspondiente. Realizar lo que indique el Jefe de Grupo Estratégico.	Antes de abandonar el puesto de trabajo, asegurarse de dejar las instalaciones sin riesgo de que puedan agravar la situación. Dirigirse sin correr al punto de reunión más cercano. No abandonar la fábrica sin identificarse antes en el Centro de Control de Emergencias.

Ejemplo de una ficha individual de actuación para un operario de control de los sistemas de alimentación de energía eléctrica

Se pueden citar también los carteles divulgativos, que, de manera esquemática, presentan las actuaciones para cada situación de emergencia.

Otro tipo de documento recordatorio para las actuaciones de emergencia podría ser, en el caso de que se utilicen en la empresa, las tarjetas electrónicas individuales de control de presencia. En estas, podrían ir inscritas las instrucciones a seguir por cualquier trabajador en las distintas situaciones de emergencia.

 Actividades

6. En el desarrollo de la actividad como instalador eléctrico y de telecomunicaciones, ¿se debería disponer de la Ficha individual de actuación de emergencias?

Aplicación práctica

Durante la realización de una conexión en una acometida eléctrica efectuada bajo tensión, se han tomado todas las medidas preventivas oportunas para evitar un accidente por contacto eléctrico directo.

Se pretenden aglutinar todos los elementos necesarios para, en caso de que se produzca un accidente, actuar eficazmente. Exponga cuáles son estos elementos.

SOLUCIÓN

I. Herramientas para cortar cables bajo tensión y aislar así al accidentado.
II. En otro caso, conocer dónde se encuentran los elementos de desconexión de la corriente para situaciones de emergencia.
III. Esterillas o alfombrillas aislantes, que permitan situarse en una zona segura para poder realizar un posible corte de los conductores en contacto con el accidentado.
IV. Teléfono móvil, para poder activar en cualquier caso a los servicios de emergencia.
V. Conocimiento de aplicación de las técnicas de Soporte Vital Básico, para socorrer al accidentado mientras los servicios de emergencia llegan al lugar del accidente.

9. Resumen

El presente capítulo, ha tratado sobre las emergencias y la importancia del conocimiento en las pautas de acción y organización durante las actuaciones.

Los tipos de accidentes relacionados con la actividad bajo estudio, principalmente, son las caídas en altura, los contactos directos a tensión, los contactos indirectos a tensión y los cortes con herramientas de mano.

En el lugar del accidente, es primordial la realización de una evaluación primaria del accidentado y seguir la secuencia PAS (Proteger, Avisar y Socorrer).

Los primeros auxilios prestados al accidentado pasarán por el reconocimiento de la consciencia, el reconocimiento de la respiración y el reconocimiento del pulso, siguiendo este orden y prestando especial atención a los casos de pérdida de consciencia, en los que la atención inicial es vital para el accidentado.

Para los casos de pérdida de consciencia, primero se debe forzar al accidentado a que recupere la respiración, siendo una técnica sencilla la de hiperextensión del cuello del accidentado.

Ante una situación de emergencia, prima la serenidad y contar con los planes desarrollados para afrontar adecuadamente este tipo de situaciones.

Es igualmente importante saber actuar ante una orden de evacuación, mantener la calma y proceder racionalmente para no aumentar las situaciones de peligro.

Para que las situaciones de emergencia puedan ser atendidas adecuadamente mediante la ayuda del exterior, se debe tener un punto claro y centralizado de gestión y coordinación.

Ejercicios de repaso y autoevaluación

1. **Indique cuál de las siguientes afirmaciones es correcta.**

    a. No existe una relación de tipos de accidentes de trabajo.
    b. Existe un listado de riesgos en los lugares de trabajo y, por tanto, una lista de los distintos tipos de accidentes de trabajo.
    c. Las causas de los accidentes de trabajo no están tipificadas.
    d. Todas las opciones son incorrectas.

2. **Complete el texto utilizando las siguientes palabras: resistivo, no resistivo, usuales, no usuales, eléctrico, directo, indirecto.**

    El contacto _____ _____ e _____ es uno de los tipos de accidentes de trabajo _____ en la actividad de instalador electrotécnico y de telecomunicaciones.

3. **Relacione las siguientes frases entre sí.**

    a. Los accidentes por caída de objetos...
    b. Los accidentes por contacto directo...
    c. Los accidentes por contacto indirecto...

    ___ ... son debidos a contactos con partes metálicas de equipos.
    ___ ... son debidos a contactos con elementos activos de equipos.
    ___ ... son debidos a falta de precaución en los trabajos de altura.

4. **Indique cuáles de las siguientes causas son posibles desencadenantes de accidentes de trabajo.**

    a. Insatisfacción laboral.
    b. Fatiga física y o mental.
    c. Iluminación y limpieza.
    d. Todas las opciones son incorrectas.

5. ¿Qué tipo de daños puede provocar un accidente eléctrico?

_____

_____

_____

_____

6. Ordene adecuadamente las siguientes frases, según la secuencia de actuación ante un accidente.

___ Avisar a los servicios de emergencia.
___ Proteger al accidentado.
___ Socorrer al accidentado.

7. Tache las palabras incorrectas.

Al socorrer a un accidentado, se debe realizar una evaluación (primaria) (primordial). Esta consiste en (reconocer) (reactivar) los signos vitales, que son (conciencia) (pulso), (respiración) (conciencia) y (pulso) (respiración).

8. Reordene la frase siguiente para que tenga sentido.

Una vez que se puede actuar sobre el accidentado avisado y se podrá realizar una evaluación primaria protegido y que posteriormente una evaluación de manera secundaria.

9. En un accidentado, la presencia de conciencia...

a. ... debe ser realizada con los medios adecuados.
b. ... no implica que exista respiración o pulso.
c. ... indica la presencia de respiración y pulso.
d. Todas las opciones son incorrectas.

10. **Complete el texto utilizando las siguientes palabras: no es, consciente, inconsciente, accidentado, es, fatal, traumático.**

Si el _____ se encuentra inconsciente, se podrán dar dos situaciones: que respire o que no respire. En el primer caso, _____ recomendable colocarlo en la posición lateral de seguridad si el accidente _____ _____.

11. **En función de la gravedad de las situaciones de emergencia, estas se pueden clasificar en distintos niveles. ¿Cuáles son?**

_____
_____
_____
_____

12. **Indique alguna de las características de cómo se manifiesta en una persona una descarga eléctrica.**

_____
_____
_____
_____

13. **Busque la palabra incorrecta en el siguiente texto y sustitúyala por la que corresponda.**

Cuando se realicen acciones de socorrismo ante situaciones en que la electrocución se produce en una línea de alta tensión, es posible prestar los servicios de socorrismo de primeros auxilios al accidentado, ya que puede ser muy peligroso acercarse a cierta distancia de las líneas de alta tensión.

14. Resuelva el siguiente crucigrama.

1. Contingencia.
2. Socorro.
3. Marcha.

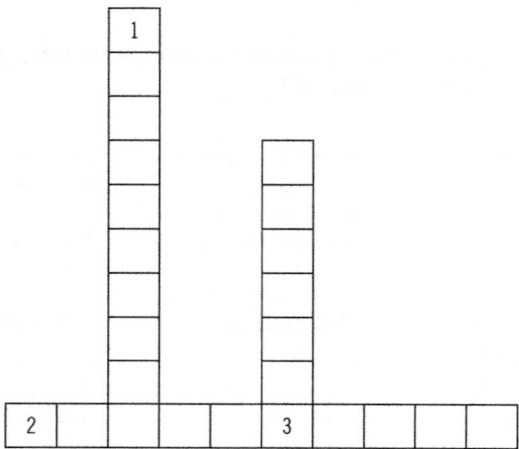

15. Indique qué es y qué función tiene la Ficha individual de actuación.

_____

_____

Capítulo 4

Prevención y seguridad en el montaje de instalaciones electrotécnicas y de telecomunicaciones

Contenido

1. Introducción

Desde el inicio de este manual y durante todo su desarrollo, se ha hablado de la importancia que juega la prevención como herramienta mitigadora de los accidentes laborales y cómo, tomando las medidas oportunas en materia de prevención, se puede considerar que el desempeño de una actividad profesional es seguro, vista esta desde el punto de vista del riesgo laboral.

Este capítulo se centra concretamente en los diferentes tipos de elementos utilizados como medios de protección en el montaje de las instalaciones electrotécnicas y de telecomunicaciones.

Los elementos de protección de las instalaciones vienen prescritos desde la propia reglamentación, de forma que, siendo esta de obligado cumplimiento, se asegura de manera preventiva que las instalaciones electrotécnicas y de telecomunicaciones correspondan a elementos seguros dentro de los lugares de trabajo.

Claro está que la manipulación de los diferentes elementos de protección de las instalaciones electrotécnicas y de telecomunicaciones quedará restringida al uso exclusivo del personal cualificado.

2. Elementos de protección de las instalaciones

Desde los primeros días en que la energía eléctrica empezó a formar parte de la vida cotidiana del hombre, esta tuvo como función principal la iluminación de los lugares públicos y de las viviendas de algunos privilegiados de aquel entonces.

Sabía que...

El inventor norteamericano Thomas Alba Edison consiguió, el 21 de octubre de 1879, que una bombilla luciera durante 48 h ininterrumpidas, consiguiendo una eficiencia de 1,7 lúmenes por vatio.

Hoy día se construyen lámparas con tecnología led, consiguiendo 50.000 h de encendido y una eficiencia de 150 lúmenes por vatio.

En principio, la técnica usada en la energía eléctrica era precaria, al igual que los elementos de protección utilizados.

Los primeros elementos de protección utilizados estaban basados en fusibles realizados mediante conductores de plomo. De esta forma, se conseguían introducir en los circuitos eléctricos puntos frágiles, de manera que, al producirse un aumento inesperado de la corriente eléctrica, el fusible provocaba la autodesconexión del circuito eléctrico debido a la rotura del conductor de plomo.

Fusible de hilo conductor, empleado antiguamente como elemento de protección eléctrica, llamado comúnmente plomillos

El avance de la técnica y de los sistemas eléctricos y electrónicos permitió que se desarrollaran elementos de protección eléctrica muy seguros. Esto permite el uso de todo tipo de aparatos eléctricos y electrónicos sin riesgo alguno para la seguridad.

A continuación, se expone una relación de los distintos tipos de elementos de protección que se pueden encontrar en las instalaciones electrotécnicas y de telecomunicaciones en la edificación.

2.1. Elementos de protección contra cortocircuitos

Se denomina cortocircuito en un punto de un circuito eléctrico a la conexión de una carga de resistencia 0 Ω (ohmios) entre los puntos de este.

 Ejemplo

Si se unen los extremos de una pila con un hilo conductor, se estará provocando un cortocircuito entre los extremos de la pila; el hilo conductor hace de carga con resistencia 0 Ω.

El efecto de un cortocircuito en un circuito eléctrico es el paso de una corriente eléctrica muy elevada por dicho circuito. El paso de una corriente elevada generada por un cortocircuito puede provocar la rotura de los conductores debido a un aumento brusco de la temperatura, que será superior a la de funcionamiento normal para el que fueron diseñados. En algunas circunstancias, un cortocircuito puede provocar un incendio.

Los elementos de protección utilizados para eliminar los efectos de los cortocircuitos son los fusibles calibrados y los interruptores automáticos magnetotérmicos.

Fusibles

Los fusibles usados hoy día, aunque se basan en el mismo principio que los de antaño, usan una técnica muy desarrollada en cuanto a los materiales con los que están fabricados y las distintas características de reacción que pueden tener ante un aumento súbito de la corriente eléctrica que circula a través de ellos.

Los fusibles vienen calibrados para un valor de corriente nominal (In), a partir de la cual, si se sobrepasa este valor, el fusible se fundirá.

Atendiendo a la velocidad con la que los fusibles actúan, es decir, se funden, cabe distinguir tres tipos:

1. **Fusibles lentos:** se funden en 1 s para corrientes 5 veces la In. Son usados para la protección de redes aéreas de distribución de energía eléctrica.
2. **Fusibles rápidos:** se funden en 1 s para corrientes 2,5 veces la In. Son usados para la protección de redes de cables aislados y para los circuitos de alumbrado.
3. **Fusibles de acompañamiento:** se funden en 1 s para corrientes 8 veces la In. Son usados especialmente para la protección de motores eléctricos.

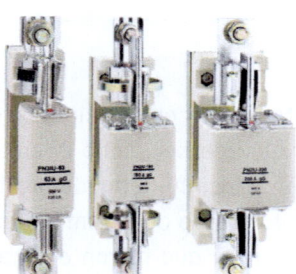

Fusibles de respuesta rápida, de intensidades
nominales de 63A, 160 A y 200 A

 Actividades

1. Busque en el Reglamento Electrotécnico de Baja Tensión de 2002 qué características deben tener los fusibles de seguridad instalados en las centralizaciones de los contadores (Real Decreto 842/2002, de 2 de agosto, por el que se aprueba el Reglamento Electrotécnico de Baja Tensión).

Interruptores automáticos magnetotérmicos

Estos elementos tienen la misma función que los fusibles, es decir, protegen a los circuitos contra cortocircuitos y sobrecargas de corriente. Tienen la ventaja principal de no tenerse que reponer una vez que estos elementos de protección hayan actuado ante una posible sobrecarga o cortocircuito.

Estos elementos se pueden clasificar en función del número de polos por los que estén formados, pudiendo ser unipolares, bipolares, tripolares y tetrapolares.

Estos elementos están diseñados para desconectar circuitos eléctricos, a los cuales protegen de dos formas distintas:

- La desconexión magnética se activa cuando se presenta un cortocircuito en el circuito eléctrico. El tiempo de actuación de estos elementos es muy rápido.
- La desconexión térmica se activa cuando se producen sobrecargas en el circuito eléctrico. El tiempo de actuación es mucho más lento que la desconexión magnética.

De izquierda a derecha, interruptores automáticos magnetotérmicos unipolares, bipolares, tripolares y tetrapolares

Actividades

2. Reflexione sobre las siguientes cuestiones:

   ı ¿Qué tiene que ocurrir para que se produzca una sobrecarga? Exponga algún ejemplo.
   ı ¿Qué tiene que ocurrir para que se produzca un cortocircuito? Exponga algún ejemplo.

Aplicación práctica

Se encuentra usted reformando un cuadro eléctrico de una antigua vivienda y ha encontrado que el sistema de protección usado es del tipo plomillo. Indique qué sistema más apropiado puede usar para reemplazarlo.

SOLUCIÓN

La mejor solución por la que se puede optar es el uso de interruptores magnetotérmicos, ya que estos previenen tanto de posibles sobrecargas como de cortocircuitos sin poner en riesgo la instalación. Además, no es necesario el reemplazo de estos elementos una vez que hayan actuado, ni la intervención de un técnico en primera instancia.

2.2. Elementos de protección contra sobrecargas

La sobrecarga se define como un exceso de intensidad eléctrica que circula por un circuito con respecto a la intensidad para la que fue diseñado.

Las sobrecargas en los circuitos eléctricos tienen que protegerse, ya que, si no se hace, terminan provocando un cortocircuito, pudiendo ser la consecuencia, la destrucción de los aparatos conectados al circuito eléctrico, la propia destrucción de los cables conductores que forman el circuito e incluso la aparición de fuego, por la enorme cantidad de energía liberada al producirse un cortocircuito.

Respecto a la protección de sobrecargas, el Reglamento Electrotécnico de Baja Tensión indica de forma general la obligatoriedad de proteger todos los circuitos en su origen mediante el uso de interruptores automáticos magnetotérmicos.

Actividades

3. Busque en el Reglamento Electrotécnico de Baja Tensión la relación existente entre las secciones de los conductores y las intensidades de sobrecarga de los interruptores magnetotérmicos instalados en el interior de las viviendas.

2.3. Elementos de protección contra electrocución

La importancia de proteger a las personas contra electrocución proviene de los efectos adversos que la electricidad provoca sobre el organismo, derivando en muchos casos en la fatalidad.

Los sistemas de protección contra electrocución parten de la necesidad de que una persona no pueda verse sometida involuntariamente a tensiones peligrosas, es decir, a contactos indirectos.

Recuerde

Los contactos indirectos son debidos a contactos entre las personas y las partes metálicas de elementos puestos a tensión que, por defectos del sistema, hacen que exista una unión eléctrica entre la parte metálica de este y una línea de corriente.

Partiendo de este punto, se clasifican las instalaciones frente a contactos indirectos en dos clases: la clase A y la clase B.

Clase A

En esta, se toman medidas para evitar directamente el riesgo de tocar partes que puedan estar sometidas a tensión. Estas medidas son:

- Distribución de circuitos por funcionalidades: en un cuadro eléctrico de una vivienda, se puede ver cómo se diferencian los circuitos de alumbrado de los de fuerza, los del horno, etc.
- Separación de partes con tensión y masas metálicas, mediante el uso de elementos aislantes eléctricos, como tapas o envolventes de materiales aislantes como el plástico.
- Uso de tensiones de seguridad, es decir, tensiones menores a 50 V. Por ejemplo, el uso de transformadores a 12 V para lámparas ubicadas en las cercanías o sumergidas en fuentes, piscinas, duchas, etc.
- Aislamiento de las masas con aislantes: en estos casos, las masas o partes metálicas de objetos bajo tensión se recubren con una capa de material aislante eléctrico.
- Conexiones equipotenciales: el uso de los sistemas de puesta a tierra y las conexiones de todos los elementos metálicos a esta.

Clase B

Es el más utilizado, tanto en la industria como en las instalaciones domésticas, debido a la simplicidad en la instalación y a la seguridad conseguida al usar estas medidas, que son:

- Puesta a tierra de las partes metálicas.
- Uso de elementos de protección contra contactos indirectos, es decir, interruptores diferenciales o relés de control de aislamiento.

Se va a analizar en qué consisten brevemente estos dos sistemas utilizados para la clasificación B de las instalaciones frente a las medidas de protección contra contactos indirectos.

Puesta a tierra de las partes metálicas

Esta técnica consiste en la unión eléctrica de todas las partes metálicas o masas de las instalaciones y el terreno, mediante el uso de conductores eléctricos para la unión entre las distintas partes metálicas entre sí y el terreno. En este último, se utilizan picas o placas enterradas directamente en él. El objetivo es conseguir una buena conexión eléctrica entre las masas y el propio terreno, con la menor resistencia eléctrica posible entre ambas.

De este modo, en el caso de que una persona entrara en contacto con una masa (eléctrica) puesta a tensión, la corriente eléctrica, encontraría menos dificultades al circular por la puesta a tierra, que a través del cuerpo de la persona.

Esquema de puesta a tierra de todas las masas metálicas en una instalación doméstica a través de una pica de tierra

Interruptor diferencial

El interruptor diferencial es un dispositivo de protección usado en las instalaciones eléctricas. El objetivo de este elemento es la desconexión automática de circuitos eléctricos en los que se detectan corrientes de defecto, es decir, corrientes de circulación entre las masas metálicas de la instalación y el sistema de puesta a tierra.

**Esquema de circulación de corriente de defecto (Id) a
través de una persona debida a un contacto directo**

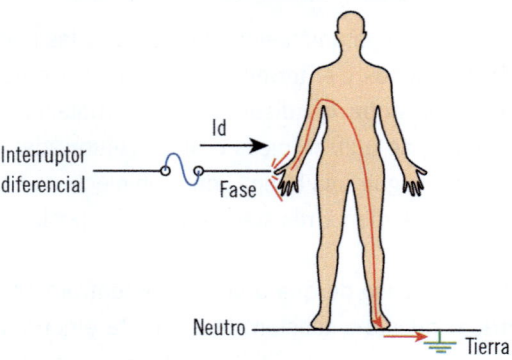

Nota

Dado que la corriente de defecto puede ser ocasionada por un accidente, como por ejemplo el contacto directo entre una persona y la parte activa de una instalación, la corriente que haga actuar al interruptor diferencial, en este caso, debe ser de unos pocos miliamperios, ya que la corriente pasa a través del cuerpo del accidentado y la pretensión es evitar el riesgo de electrocución sobre la persona.

Vista la importancia que tienen los interruptores diferenciales sobre la seguridad de las personas, se hace patente la necesidad de asegurar que el dispositivo funcione correctamente en todo momento. Fácilmente, el usuario puede realizar comprobaciones directas sobre el buen funcionamiento del dispositivo, sin verse comprometida la seguridad. Para ello, se incorpora sobre el interruptor diferencial un pulsador de test de funcionamiento. Al pulsar sobre este, se produce la circulación de una corriente de defecto, de valor igual a la de la sensibilidad del interruptor diferencial. Si el dispositivo funciona correctamente, se producirá la desconexión automática e inmediata del sistema. En caso contrario, debe procederse al reemplazo del dispositivo por personal cualificado.

Los interruptores diferenciales pueden actuar cuando en las redes de energía se producen ruidos eléctricos y cuando las corrientes de trabajo superan la del propio diferencial. En este último caso, actuarían como elemento de protección contra sobrecargas.

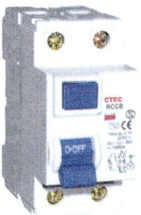

Interruptor diferencial

 Actividades

4. El Reglamento Electrotécnico de Baja Tensión indica que la sensibilidad que deben tener los interruptores diferenciales para las viviendas es de 30 mA y para otro tipo de instalaciones, como las instalaciones en alumbrado exterior, la sensibilidad es de 300 mA. Reflexione sobre esta cuestión.

2.4. Elementos de protección contra sobretensiones

El protector de sobretensiones es un dispositivo cuya función es proteger los elementos que tiene aguas debajo de tensiones superiores a las de funcionamiento normal.

Estos dispositivos pueden ser de dos tipos distintos, clasificados en función del tiempo de actuación de los picos de tensión:

- **Protectores de sobretensión transitorios:** actúan sobre picos de tensión existentes en la red eléctrica que tienen origen atmosférico y son de duración muy corta. Estos picos son derivados a tierra por el dispositivo de protección.

- **Protectores de sobretensión permanente:** actúan sobre picos de tensión existentes en la red que pueden ser provocados por desconexiones de neutros. En este caso, estos dispositivos desconectan automáticamente la instalación por completo para evitar roturas de los aparatos conectados a ella.

Actividades

5. Para una vivienda de características normales en lo referente a electrificación, dibuje el esquema unifilar e identifique todos los elementos de protección que lo componen, indicando las características fundamentales de tensión y corriente.

3. Identificación de riesgos y medidas de seguridad

Es importante hacer mención a la Guía Técnica para la Evaluación y Prevención del Riesgo Eléctrico. El Real Decreto 614/2001, de 8 de junio, encomienda de manera específica al Instituto Nacional de Seguridad e Higiene en el Trabajo la elaboración y mantenimiento de esta guía, la cual contiene importante información relacionada con los trabajos con riesgo eléctrico.

Parte de la información expuesta en los siguientes puntos es la síntesis de alguno de sus contenidos más importantes.

3.1. Trabajos sin tensión. Cinco reglas de oro

Hay que recordar siempre que la prevención es la mejor herramienta para evitar los accidentes de trabajo y que la energía eléctrica es invisible, inodora e inaudible, pero que puede manifestarse con resultados catastróficos sobre el accidentado.

Con el objeto de dejar los sistemas eléctricos sin tensión, es decir, desconectados de la corriente eléctrica, se procederá en dos fases distintas.

Primera fase

Tener claro el/los lugar/es donde se vayan a realizar los trabajos sin tensión, para actuar sobre todos ellos.

Las **5 reglas de oro** para realizar trabajos sin tensión de forma segura son:

1. Abrir con corte visible todas las fuentes de tensión.
2. Prevenir cualquier posible conexión, bloqueando los dispositivos.
3. Verificar la ausencia de tensión.
4. Puesta a tierra y en cortocircuito de las fuentes de tensión.
5. Delimitar y señalizar la zona de trabajo.

Viñeta representativa de las 5 reglas de oro para trabajos sin tensión

1. Desconectar   2. Enclavamiento   3. Comprobar ausencia de tensión

4. Poner a tierra y cortocircuito   5. Señalizar

Importante

El cumplimiento de estas reglas es fundamental cuando se realizan trabajos en puntos de
la red donde no existen elementos de protección como, por ejemplo, en redes de distribución
aérea o subterránea.

Segunda fase

La reposición de la tensión solo se realizará una vez finalizados todos los trabajos, cuando se hayan retirado todos los trabajadores de la zona y se hayan recogido todas las herramientas y equipos de trabajo.

La secuencia del proceso de reposición de la corriente será la siguiente:

1. Retirada de protecciones adicionales si existen y de la señalización de la zona de trabajo.
2. Retirada de la puesta a tierra y del cortocircuito de las fuentes de tensión.
3. Desbloqueo y señalización de los dispositivos de corte.
4. Cierre de los circuitos para reponer la tensión.

3.2. Trabajos en altura

Se entiende por trabajos en altura aquellos que se ejecutan en cualquier ámbito, ya sea industrial, de la construcción, agrícola y forestal o de servicios, en un lugar por encima de un nivel de referencia, entendiendo como tal la superficie sobre la que puede caer un trabajador cuando utiliza alguno de los siguientes equipos de trabajo:

- **Escaleras de mano,** es decir, escaleras que se pueden transportar manualmente, sin ayuda mecánica. Entre ellas, se deben considerar las escaleras suspendidas rígidas y las de cuerda.

- **Andamios,** es decir, equipos de trabajo compuestos por una serie de elementos, montados temporalmente o instalados de manera permanente, previstos para realizar trabajos en altura que permiten el acceso a los distintos puestos de trabajo, así como el acopio de las herramientas, productos y materiales necesarios para la realización de los mismos.
- **Sistemas de acceso mediante cuerda** (trabajos verticales), usados para sitios inaccesibles, donde escaleras, andamios y elevadores no pueden llegar. En estos casos, el operador especializado en trabajos verticales se fija mediante cuerdas a los elementos estructurales, quedando suspendido mediante estas en el vacío.

Para la evaluación de riesgos y la elección de los equipos de trabajo, se tendrán en cuenta los siguientes aspectos:

- Tipo de trabajo a ejecutar.
- Fases de ejecución de las instalaciones, incluyendo el montaje y desmontaje de los equipos como andamiajes o maquinaria de elevación.
- Tareas a realizar en cada fase.
- Condiciones ergonómicas y dificultades de las tareas, teniendo en cuenta los movimientos y gestos necesarios para realizarlas.
- Materiales, herramientas y otros medios necesarios para ejecutar las tareas.
- Duración de las tareas.
- Altura y ubicación del puesto de trabajo.
- Número de personas previstas para ejecutar las tareas.
- Condiciones del lugar en el que está previsto ubicar el equipo de trabajo.

Entre las opciones disponibles para la elección del equipo de trabajo más apropiado, se deberían considerar no solo los equipos de trabajo a los que se refiere este apartado, sino otros diseñados para la elevación de personas hasta la posición de trabajo, tales como:

- Plataformas Elevadoras Móviles de Personal (PEMP).
- Transelevadores, con operador a bordo.

El orden de preferencia para elegir el medio de acceso a los puestos de trabajo en altura es:

1. Un acceso directo desde el nivel del suelo u otro nivel superior a este sobre el que se pueda estar situado. Es la solución recomendada para accesos frecuentes.
2. Un elevador para personas o para personas y cargas, una rampa apropiada o una escalera. Solución a adoptar, siempre que no sea aplicable el apartado la primera opción.
3. Una escala de peldaños o una escala.

Actividades

6. Busque información, por ejemplo en el Instituto Nacional de Seguridad e Higiene en el Trabajo, de las distintas situaciones en las que una actividad se considere como trabajo en altura y los medios de seguridad de los que deben disponer.
7. Explique con palabras propias qué es un trabajo en altura.

Las escaleras de mano son equipos de trabajo cuya utilización conlleva siempre un riesgo, por lo que, en principio, solo se deberían utilizar cuando no sean apropiados o prácticos otros equipos de trabajo más seguros, tales como una plataforma elevadora móvil de personal, un andamio o una torre de trabajo. No obstante, la utilización de una escalera de mano puede estar justificada cuando, como resultado de la evaluación de riesgos, se deduce que el riesgo es bajo. Un factor a tener en cuenta es el tipo de emplazamiento en el que se va a realizar el trabajo.

 Ejemplo

Un espacio reducido puede suponer una limitación para la utilización de otro tipo de equipo de trabajo distinto de una escalera de mano.

Utilización de una escalera por motivos de espacio reducido

El emplazamiento y el tipo de trabajo pueden condicionar asimismo el tipo de escalera a utilizar.

 Ejemplo

No se debería utilizar una escalera metálica para realizar trabajos con herramientas eléctricas en un local mojado u operaciones eléctricas elementales o que solo puedan realizarse en tensión.

Si se tratara de un trabajo en tensión, la escalera debería ser de material aislante, conforme a la norma UNE-EN 61478. En este caso, para la realización del trabajo, se deben tener en cuenta las disposiciones del Real Decreto 614/2001 y convendría seguir asimismo las indicaciones de la correspondiente Guía Técnica para la Evaluación y Prevención del Riesgo Eléctrico.

*Escalera aislante de fibra de vidrio con
sistema de seguridad para impedir su
apertura en modo tijera*

Las normas de la serie UNE EN 131 -1 ofrecen información sobre los tipos de escaleras de mano (escaleras portátiles) y sus dimensiones, así como sobre los elementos de apoyo y sujeción para evitar que estas se desplacen o que pierdan su estabilidad.

Nota técnica de interés NTP nº 239: Escaleras manuales

Dependiendo del tipo de equipo de trabajo elegido con arreglo a los apartados anteriores, se determinarán las medidas adecuadas para reducir al máximo los riesgos inherentes a este tipo de equipo para los trabajadores. En caso necesario, se deberá prever la instalación con unos dispositivos de protección contra caídas. Dichos dispositivos deberán tener una configuración y una resistencia adecuadas para prevenir o detener las caídas de altura y, en la medida de lo posible, evitar las lesiones de los trabajadores. Los dispositivos de protección colectiva contra caídas solo podrán interrumpirse en los puntos de acceso a una escalera o a una escalera de mano.

 Importante

Los trabajos temporales en altura solo podrán efectuarse cuando las condiciones meteorológicas no pongan en peligro la salud y la seguridad de los trabajadores.

Estabilidad de las escaleras

Un gran número de accidentes con escaleras de mano ocurren porque no está suficientemente garantizada su estabilidad durante la utilización. La superficie de apoyo de la parte inferior de las escaleras de mano debería ser plana, suficientemente resistente y no resbaladiza. Igualmente, el apoyo superior debería ser seguro. Así, una escalera de mano nunca se colocará sobre cajas, carros, mesas u otras superficies inestables, ni se apoyará sobre superficies flexibles o que se puedan desplazar, paredes recién pintadas o enlucidas, material cerámico, superficies acristaladas, columnas redondas o delgadas, esquinas, puertas que no estén inmovilizadas, tuberías delgadas, etc.

Como norma general, no se deben apoyar sobre un peldaño, sino sobre ambos largueros, aunque, en aplicaciones específicas, puede ser más apropiado que la escalera apoye sobre un dispositivo especialmente diseñado para dicha aplicación.

Otra posibilidad es hacer uso de escaleras provistas de fábrica con estabilizadores inferiores.

 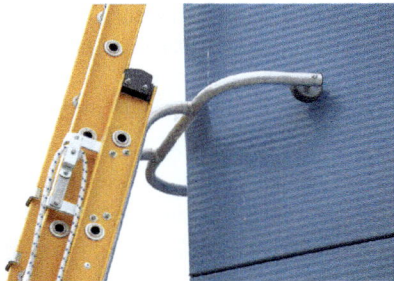

Estabilizador horizontal inferior con regulación para superficies desniveladas   *Escalera con apoyo específico para postes y troncos de árbol*

**Ejemplo de colocación de una escalera
de mano para acceso a nivel superior**

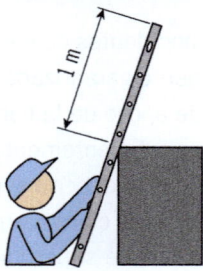

3.3. Trabajos en zonas húmedas

Se deberá tener en cuenta que el agua es muy buen conductor de la corriente eléctrica. De ello se deriva el riesgo laboral grave de electrocución cuando se realicen trabajos en zonas húmedas.

 Ejemplo

Zonas de alumbrado exterior, alumbrados en jardines, motobombas de bombeo o elevación de aguas, cuartos de depuración de aguas, etc.

Para evitar los riesgos derivados de electrocución en lugares de trabajo de zonas húmedas, deberán tomarse las medidas preventivas colectivas e individuales existentes.

En lo referente a las medidas de protección colectiva, se deberá realizar la puesta a tierra de todas las masas o partes metálicas del lugar de trabajo, canalizaciones metálicas tanto de agua como de gas, junto con la instalación de interruptores diferenciales.

Respecto a las medidas individuales de seguridad tomadas, es obligatorio el uso de calzado de alta resistencia eléctrica para disponer de un buen aislamiento con respecto al suelo, al igual que herramientas con aislamiento adecuado.

Cualquier tipo de maquinaria conectada a tensión debe estar asegurada con conexión eléctrica a tierra.

Es importante asegurar que, en los cuadros de mando y protección, no existan acumulaciones de agua. Para ello, se dispondrá de cuadros con las envolventes adecuadas de protección para lugares húmedos.

 Importante

Es de mala práctica, totalmente desaconsejable, antirreglamentario y sancionable, la eliminación de interruptores diferenciales o el uso de estos con poca sensibilidad (corrientes de defecto altas y no adecuadas para lugares de trabajos húmedos).

Actividades

8. ¿Para qué tipo de terrenos, esto es, terrenos húmedos y terrenos secos, se deberá tener un mayor control de la resistencia de puesta a tierra? Razone la respuesta.
9. Sabiendo que la conductividad eléctrica del agua es proporcional a la mineralización de esta, es decir, el agua destilada o de lluvia tiene conductividad eléctrica baja y el agua de mar lo contrario, ¿cómo puede influir la lluvia sobre un terreno con una determinada conductividad, aumentando o disminuyendo esta?

Aplicación práctica

Se encuentra usted realizando las tareas de mantenimiento eléctrico sobre el alumbrado comunitario exterior de un complejo residencial. Ha detectado una anomalía en el cuadro eléctrico: el diferencial se encuentra desinstalado.

¿Cómo debe actuar? ¿Por qué cree que este se encuentra desinstalado? ¿Qué acciones se deben realizar? Razone las respuestas adecuadamente.

SOLUCIÓN

Desconectar inmediatamente todos los circuitos eléctricos que estén bajo el diferencial, con el objeto de que estos no se queden desprotegidos contra contactos indirectos y puedan provocar un accidente de electrocución.

Probablemente, el diferencial se encuentre desinstalado debido a que el alumbrado exterior esté en malas condiciones de aislamiento entre partes activas y masas. La humedad exterior puede estar provocando continuas derivaciones y, en consecuencia, la activación del diferencial y el corte completo de los circuitos de alumbrado.

En tal caso, se deben buscar las faltas de aislamiento existentes, repararlas adecuadamente, revisar las puestas a tierra de todo el sistema e instalar el diferencial. Una vez realizado todo este proceso, se deberá asegurar que el sistema funciona correctamente y que el diferencial ejecuta sus funciones adecuadamente.

3.4. Trabajos en tensión

Los trabajos realizados con tensión eléctrica deben ser realizados solo por personal altamente cualificado, en algunas ocasiones, si la complejidad de las operaciones bajo tensión lo requiere, suelen ensayarse previamente las acciones sin tensión, con el objeto de eliminar riesgos imprevistos.

En los casos de aislamiento geográfico y de comunicaciones de la zona donde se efectúen los trabajos, es necesaria la presencia de dos trabajadores con conocimientos sobre primeros auxilios.

Existen tres métodos para garantizar la seguridad de las personas que desarrollan las actividades realizadas bajo tensión:

- **Método de trabajo a potencial:** empleado en los trabajos realizados sobre las líneas de transporte de alta tensión.
- **Método de trabajo a distancia:** usado para voltajes de media tensión, mediante el uso de pértigas aislantes.
- **Método de trabajo en contacto con protección aislante en las manos:** usado principalmente en instalaciones de baja tensión (tensiones menores de 500 V).

De los tres métodos expuestos, será de interés para los instaladores electrotécnicos y de telecomunicación en edificios el método de contacto con protección aislante.

Es importante reseñar que las herramientas usadas para trabajos con tensión deben estar aisladas eléctricamente hasta potenciales de 1 kV y serán de material homologado.

Otro tipo de trabajo realizado bajo tensión de especial interés es el desarrollado en instalaciones con condensadores que permitan una acumulación peligrosa de energía.

Para dejar sin tensión una instalación eléctrica con condensadores cuya capacidad y tensión permitan una acumulación peligrosa de energía eléctrica, se seguirá el siguiente proceso:

1. Se efectuará y asegurará la separación de las posibles fuentes de tensión mediante su desconexión, ya sea con corte visible o testigos de ausencia de tensión fiables.
2. Se aplicará un circuito de descarga a los bornes de los condensadores, que podrá ser el circuito de puesta a tierra.
3. Se efectuará la puesta a tierra y en cortocircuito de los condensadores. Cuando entre estos y el medio de corte existan elementos semiconductores, fusibles o interruptores automáticos, la operación se realizará sobre los bornes de los condensadores.

Actividades

10. Se encuentran en distintos tipos de cables, usados en viviendas cotidianas, características de aislamiento eléctrico de 450 V, 750 V y 1 kV. Si se sabe que las tensiones de trabajo residenciales en España son de 230 V, ¿qué utilidad pueden tener estos cables de características distintas?
11. Razone si el siguiente supuesto es cierto. Un instalador electricista podrá realizar trabajos sin riesgos de electrocución el día en que la ciencia permita la fabricación de calzado con aislamiento perfecto frente al paso de la corriente eléctrica.

3.5. Trabajos en lugares con riesgos de explosión

Los lugares con riesgo de explosión son aquellos en los que la presencia de sustancias inflamables genera atmósferas potencialmente explosivas.

Algunos de estos emplazamientos de trabajo con riesgo de explosión pueden ser:

- Lugares donde se trasvasen líquidos volátiles inflamables.
- Garajes y talleres de reparación de vehículos.
- Salas de gasógenos.
- Zonas de lavanderías y tintorerías donde se utilicen disolventes inflamables.
- Zonas de tratamiento de textiles como algodón.
- Talleres de confección.
- Industrias de procesado de madera, como carpinterías.

Nótese que este tipo de actividades entra dentro de los lugares de trabajo donde un instalador electrotécnico puede desempeñar las labores de instalación y mantenimiento de los sistemas eléctricos.

La medida más importante a tomar en este tipo de locales es la prevención, de manera que deberá evitarse la aparición de atmósferas explosivas, mediante el uso de sistemas de extracción de aire.

Si llega a formarse la atmósfera explosiva, se utilizarán sistemas electrónicos de control de atmósferas explosivas, sistemas electrónicos equipados con distintos tipos de sensores de ambientes explosivos, como por ejemplo sensores de butano, propano, de combustibles, etc.

Importante

En ningún caso se realizarán labores de instalación o mantenimiento bajo estas circunstancias.

Los trabajos de instalaciones eléctricas, en emplazamientos con riesgo de incendio o explosión, se realizarán siguiendo un procedimiento que reduzca al mínimo estos riesgos. Para ello, se limitará y controlará, en lo posible, la presencia de sustancias inflamables en la zona de trabajo y se evitará la aparición de focos de ignición en caso de que exista o pueda formarse una atmósfera explosiva.

En tal caso, queda prohibida la realización de trabajos u operaciones (cambio de lámparas, fusibles, etc.) bajo tensión, salvo si se efectúan en instalaciones y con equipos concebidos para operar en esas condiciones, que cumplan la normativa específica aplicable.

Entre las medidas a tomar de manera preventiva para reducir riesgos en lugares con riesgo de incendio y explosión, está la comprobación del buen estado de las envolventes de los conductores y cables de alimentación, de las conexiones a bases de enchufe, de los mecanismos, de derivaciones y empalmes, además del buen estado de diferenciales y magnetotérmicos.

Aplicación práctica

En una nave de reparación de vehículos, va usted a desempeñar la labor de sustituir algunas de las lámparas por encontrarse en mal estado. Estas, además, se encuentran instaladas a una altura considerable y sin acceso directo.

Indique qué medidas preventivas debe adoptar para asegurar en todo momento la seguridad de la actuación. Razone la respuesta.

SOLUCIÓN

En primer lugar, debe asegurarse que en la nave no existe formación de atmósfera explosiva. Para ello, se comprobarán los sistemas instalados a tal efecto.

Una vez comprobada la no existencia de atmósfera explosiva, se desconectarán los circuitos eléctricos que alimenten a las luminarias sobre las que se vaya a actuar, para evitar los peligros de contacto indirecto, descarga electrostática e incluso la formación de alguna chispa en el reemplazo de la lámpara.

Será necesario usar un medio de elevación adecuado que asegure en todo momento la integridad física, como por ejemplo una plataforma elevadora móvil de personal y carga. Queda completamente prohibido el uso de escaleras en este tipo de lugares, ya que el suelo suele estar resbaladizo debido a derrames de aceites y otras sustancias.

Actividades

12. ¿El uso de luminaria antideflagrante puede ser un método eficaz para evitar el riesgo de incendio y explosión en talleres donde se trasvasen líquidos combustibles?
13. Busque información sobre algún tipo de instalación, en concreto en las que los materiales antideflagrantes pueden ser sustituidos por otros elementos que no sean antideflagrantes y si esto conlleva alguna medida especial.

3.6. Electricidad estática

La electricidad estática es una acumulación de carga eléctrica que se encuentra en reposo en un cuerpo. Se origina mediante el intercambio o cesión de carga eléctrica entre sustancias de distinta naturaleza. Uno de los mecanismos que permite este fenómeno físico es la fricción entre cuerpos. Esta acumulación de carga eléctrica en reposo o electricidad estática es susceptible de producir un movimiento de la carga o, lo que es lo mismo, una corriente eléctrica si se le proporcionan los mecanismos adecuados, es decir, un camino a distinto potencial para que fluya la carga eléctrica.

 Nota

En la mayoría de los casos, la energía acumulada de la electricidad estática es insuficiente para producir efectos nocivos en el organismo humano. Sin embargo, las chispas producidas en las descargas de energía estática constituyen un foco de ignición que puede dar lugar a incendios o explosiones.

Los principales procedimientos para evitar la acumulación de electricidad estática relacionada con las instalaciones electrotécnicas y de telecomunicaciones en edificios son:

- Mantener la humedad relativa del aire por encima del 50 % (de acuerdo con las disposiciones del Real Decreto 486/1997, de 14 de abril, sobre lugares de trabajo. Salas de contadores eléctricos y de telecomunicaciones).
- Conectar a tierra las partes metálicas que puedan acumular electricidad estática.
- Aplicar productos antiestáticos en las superficies susceptibles de electrizarse.
- Emplear ionizadores de aire en las cercanías o junto a la zona donde se produce electricidad estática.

■ Usar suelos o pavimentos de materiales disipadores (hormigón, cerámica, madera sin recubrimiento aislante, etc.).

En aquellos lugares donde se prevea o se indique la posible acumulación de carga estática, será necesario el uso de Equipos de Protección Individual con marcado antiestático.

La NTP 887 revisa la protección que proporcionan los Equipos de Protección Individual (calzado, ropa y guantes), comúnmente denominados antiestáticos, y presenta una serie de pautas a tener en cuenta al llevar a cabo su selección frente al riesgo de ignición por descarga electrostática del trabajador.

El marcado de la ropa, en lo relativo a las propiedades antiestáticas específicas, deberá incluir el pictograma de protección contra la electricidad estática, junto con la referencia a la norma específica.

Pictograma de protección electrostática, junto a la norma específica UNE-EN 1149-5:2018

Señalización de uso de calzado antiestático

3.7. Descargas eléctricas

Para evitar cualquier riesgo de descarga eléctrica, existen una serie de medidas que se deben llevar a cabo:

- Si los trabajos son realizados bajo tensión, se hará uso de las herramientas de trabajo con aislamiento eléctrico.
- Mantenimiento adecuado de los elementos de protección, como interruptores diferenciales y magnetotérmicos.
- Mantenimiento de los sistemas de puesta a tierra.
- Con respecto a la electricidad estática, puesta a tierra de las partes susceptibles de acumulación de carga estática y uso de ropa de seguridad antiestática.

3.8. Frecuencias eléctricas

La red eléctrica española dispone de un sistema de energía eléctrica de corriente alterna, cuya frecuencia es de 50 Hz.

Habitualmente, los instaladores electrotécnicos y de telecomunicaciones se encontrarán con sistemas alimentados con corriente alterna y corriente continua.

La corriente continua, en general, no es tan peligrosa como la alterna, ya que, entre otras causas, en el caso en que se produzca un contacto directo con la mano, es más fácil soltar los electrodos. Además, para duraciones de contacto superiores al período del ciclo cardíaco, el umbral de fibrilación ventricular es mucho más elevado que en corriente alterna.

No tiene especial interés nombrar los sistemas de telecomunicaciones en las viviendas, ya que las tensiones son tan pequeñas que no suponen riesgo alguno sobre la salud de las personas.

 Ejemplo

Los sistemas de televisión, que trabajan con señales eléctricas en un amplio espectro de frecuencias, desde las decenas de kHz hasta los GHz, porque los niveles de tensión son del orden de unas pocas unidades de voltios en el peor de los casos.

Actividades

14. Indique distintos valores de tensión eléctrica, tanto de corriente alterna como continua, con los que un instalador electrotécnico y de telecomunicaciones puede encontrarse normalmente. Explique el riesgo que puede suponer para las personas cada una de las tensiones.
15. Indique entre qué dos puntos del cuerpo es más y menos peligroso el paso de una corriente eléctrica.

3.9. Contactos eléctricos directos

Los contactos eléctricos directos se producen entre las partes activas de los sistemas eléctricos sometidos normalmente a tensión y las personas por manipulación directa sobre estas.

Importante

Solo el personal cualificado debe operar sobre elementos eléctricos.

La manera de prevenir estos contactos es mediante señalización de las partes activas de los equipos bajo tensión y el uso de los Equipos de Protección Individual contra contactos directos.

Operario manipulando un cuadro eléctrico. Nótese la importancia de tomar las medidas oportunas para evitar un contacto eléctrico directo.

Si los elementos eléctricos que se manipulan están bajo la protección de un cuadro eléctrico, como ocurre en la mayoría de casos en los que actúan los instaladores electrotécnicos y de telecomunicaciones en edificios, si se produce un contacto directo accidental, los elementos de protección del cuadro actuarán evitando el riesgo de electrocución.

La fatalidad ocurriría si el contacto directo se produce en un sistema eléctrico en el cual no existe un cuadro de protección, como es el caso de las líneas de distribución de energía tanto aéreas como subterráneas.

Medidas preventivas de seguridad inexistentes

3.10. Contactos eléctricos indirectos

Este tipo de contactos se produce generalmente por defectos en los sistemas eléctricos, en los que las fases de las líneas entran en contacto con partes metálicas accesibles. La manera eficaz de evitar los contactos eléctricos indirectos es poniendo a tierra todas las masas de los equipos eléctricos y electrónicos, aislando adecuadamente las partes metálicas de las partes activas de la instalación e instalando los elementos de protección correspondientes, como son los interruptores diferenciales.

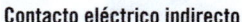

Contacto eléctrico indirecto

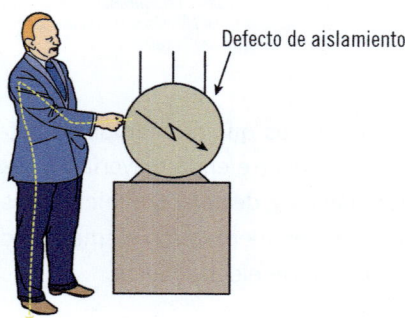

Defecto de aislamiento

En el caso de que las partes accesibles de los equipos estén realizadas con material aislante, la puesta a tierra de estos no es necesaria.

Ejemplo

En los circuitos de alumbrado de las edificaciones, es obligatorio el uso de la tierra en todos los circuitos.

Suele ser habitual encontrar hoy día lámparas construidas a base de plásticos, en los cuales no es necesario el uso de la tierra, ya que, entre otras cosas, no tendría sentido.

También es cada vez más habitual encontrar en el mercado luminarias para alumbrados públicos, en las que el cuerpo está construido a base de fibra de vidrio. Dado que este material no es un conductor eléctrico, se evitan accidentes por posibles contactos indirectos.

En cualquier caso, la normativa es estricta al respecto, especificando la obligatoriedad, independientemente del tipo de luminaria empleada, disponga esta o no de elementos aislantes o conductores en su cuerpo, la instalación de los elementos conductores de protección, es decir, la instalación de la línea de tierra y de los elementos de protección contra corrientes de defecto, es decir, la instalación de interruptores diferenciales.

 Actividades

16. Se puede entender que el tiempo de disparo de un interruptor diferencial sea muy rápido para salvaguardar la integridad de las personas. Este será inferior a los 25 milisegundos. ¿Con qué efecto relacionado con la electricidad piensa que se puede conseguir esta respuesta tan rápida?
17. ¿Qué parámetro debe medir un equipo que compruebe el buen estado de un interruptor diferencial y cómo se puede verificar el buen funcionamiento de este?

4. Resumen

Como principales elementos de protección frente a los riesgos derivados de los trabajos en instalaciones eléctricas, están los fusibles, los interruptores automáticos magnetotérmicos, los interruptores diferenciales, los protectores de sobretensiones y los sistemas de puesta a tierra.

La mejor forma de prevención contra las descargas eléctricas es trabajar sin tensión. Para que esto sea seguro, se deberán aplicar las 5 reglas de oro.

Para los trabajos en altura, se deberán usar elementos que no comprometan en ningún momento la seguridad del trabajador. En caso de hacer uso de escaleras de mano, estas deben ser de material aislante y con base estabilizadora.

En lo referente a los trabajos en zonas húmedas, será necesaria la revisión de los elementos de protección diferencial y hacer uso de calzado con aislamiento eléctrico.

Los trabajos realizados bajo tensión para los instaladores electrotécnicos y de telecomunicaciones, normalmente conllevan el uso de herramientas de mano aisladas eléctricamente según la normativa y siempre por personal cualificado.

Los trabajos en lugares con riesgo de incendio y explosión implican ante todo asegurar que durante su realización no existan o se creen atmósferas potencialmente explosivas.

En lo referente a descargas estáticas, contactos directos y contactos indirectos, la manera eficaz de prevenir estos riesgos son: la puesta a tierra de las masas de los equipos activos, el correcto aislamiento entre partes activas y partes metálicas y la instalación de elementos de protección diferencial.

Ejercicios de repaso y autoevaluación

1. **Los fusibles limitan...**

    a. ... la intensidad máxima de corriente.
    b. ... la potencia máxima.
    c. ... la intensidad mínima de corriente.
    d. Todas las opciones son incorrectas.

2. **Complete el texto utilizando las siguientes palabras: incendios, cobre, plomo, fusibles, magnetotérmicos, aislantes, conductores, reemplazo.**

Los primeros _____ eran realizados mediante _____ de plomo. Su rotura suponía el _____ del fusible y podían provocar incluso _____.

3. **Relacione las siguientes frases entre sí.**

    a. Los fusibles...
    b. Los interruptores magnetotérmicos...
    c. Los fusibles e interruptores magnetotérmicos...

    __ ... son usados en muchos tipos de instalaciones.
    __ ... tienen distinto tipo de respuesta en el tiempo de actuación.
    __ ... actúan contra sobre cargas y contra cortocircuitos.

4. **De las siguientes afirmaciones relacionadas con los interruptores magnetotérmicos, diga cuál es verdadera o falsa.**

    a. Frente a cortocircuitos, son muy rápidos.

        □ Verdadero
        □ Falso

    b. Frente a sobrecargas, son muy rápidos.

        □ Verdadero
        □ Falso

c. Frente a sobrecargas, son más lentos.

☐ Verdadero
☐ Falso

5. ¿Qué tipo de elemento actúa frente a sobrecargas y frente a cortocircuitos?, ¿qué fenómeno físico actúa frente a cada uno de estos eventos?

_____

_____

6. Ordene adecuadamente las siguientes frases para evitar un accidente de descarga eléctrica por contacto indirecto.

a. Instalación de un elemento de protección diferencial.
b. Aislamiento adecuado entre partes activas y masas.
c. Puesta a tierra de las masas.

7. Tache las palabras incorrectas.

La (puesta) (conexión) a tierra de una instalación eléctrica consiste en la perfecta unión (mecánica) (eléctrica) entre las partes metálicas de esta y el (terreno) (neutro).

8. Reordene la frase siguiente para que tenga sentido.

Normalmente por manipulación un contacto es producido directo. Es producido normalmente por defecto un contacto indirecto.

9. Indique cuál de las siguientes negaciones es correcta.

a. No es necesario el uso de protecciones diferenciales para baja tensión.
b. No es necesario el uso de protecciones diferenciales para corriente continua.
c. No es necesario el uso de protecciones diferenciales para tensiones de seguridad.
d. Todas las opciones son incorrectas.

10. **Complete el siguiente texto.**

El _____ es un dispositivo de protección usado en las instalaciones eléctricas. El objetivo de este elemento es la _____ automática de circuitos eléctricos en los que se detectan _____, es decir, corrientes de circulación entre las masas metálicas de la instalación y el sistema de puesta a tierra.

11. **Enumere las 5 reglas de oro.**

_____
_____
_____
_____

12. **¿Cuál es el dispositivo a través del cual se puede verificar el buen funcionamiento del interruptor diferencial? Explique su funcionamiento.**

_____
_____
_____
_____

13. **Busque la palabra incorrecta en el siguiente texto y sustitúyala por la que corresponda.**

Los protectores contra sobretensiones pueden actuar frente a causas transitorias o permanentes. En cualquier caso, se trata de eliminar los excesos de corriente que la red eléctrica suministra.

14. Resuelva el siguiente crucigrama.

1. Corriente de defecto (vertical).
2. Atmósferas inflamables (horizontal).
3. Acumulación de carga eléctrica.

15. ¿Qué métodos se pueden emplear para eliminar el riesgo de descarga eléctrica?

_____

_____

_____

_____

Bibliografía

Monografías

▎ GARCÍA Segura, Vicente: *Prevención de riesgos laborales básico. Sector electricidad.* Málaga: IC Editorial, 2015.

▎ SANZ Serrano, J. L., TOLEDANO Gasca, J. C. e IGLESIAS Álvarez, E.: *Técnicas y procesos en las instalaciones eléctricas de media y baja tensión.* Madrid: Paraninfo, 2003.

▎ VV. AA.: *Prevención de riesgos laborales.* Madrid: Servicios de Consultoría Liber, Publisep Libros Digitales, 2009.

Legislación

▎ Reglamento (CE) 1221/2009 del Parlamento Europeo y del Consejo de 25 de noviembre (EMAS III).

▎ Real Decreto 1299/2006, de 10 de noviembre, por el que se aprueba el cuadro de enfermedades profesionales en el sistema de la Seguridad Social y se establecen criterios para su notificación y registro.

▎ Real Decreto 2177/2004, de 12 de noviembre, que establece las disposiciones mínimas de seguridad y salud para la utilización por los trabajadores de los equipos de trabajo.

▌Real Decreto 2267/2004, de 3 de diciembre, por el que se aprueba el Reglamento de seguridad contra incendios en los establecimientos industriales.

▌Ley 54/2003, de 12 de diciembre, de Reforma del Marco Normativo de da Prevención de Riesgos Laborales.

▌Real Decreto 842/2002, de 2 de agosto, por el que se aprueba el Reglamento Electrotécnico para Baja Tensión (REBT).

▌Guías Técnicas (GUÍA-BT) anexas al Reglamento Electrotécnico para Baja Tensión.

▌Instrucciones Técnicas Complementarias (ITC-BT) anexas al Reglamento Electrotécnico para Baja Tensión.

▌Real Decreto 614/2001, de 8 de junio, sobre disposiciones mínimas para la protección de la salud y seguridad de los trabajadores frente al riesgo eléctrico.

▌Real Decreto 485/1997, de 14 de abril, sobre disposiciones mínimas en materia de señalización de seguridad y salud en el trabajo.

▌Real Decreto 486/1997, de 14 de abril, por el que se establecen las disposiciones mínimas de seguridad y salud en los lugares de trabajo.

▌Real Decreto 487/1997, de 14 de abril, sobre disposiciones mínimas de seguridad y salud relativas a la manipulación manual de cargas que entrañen riesgos, en particular dorso-lumbares, para los trabajadores.

▌Real Decreto 773/1997, de 30 de mayo, sobre disposiciones mínimas de seguridad y salud relativas a la utilización por los trabajadores de Equipos de Protección Individual.

▌Real Decreto 1215/1997, de 18 de julio, por el que se establecen las disposiciones mínimas de seguridad y salud para la utilización por los trabajadores de los equipos de trabajo.

▌Ley 31/1995, de 8 de noviembre, de Prevención de Riesgos Laborales.

▌Real Decreto Legislativo 1/1994, de 20 de junio, por el que aprueba el Texto Refundido de la Ley General de la Seguridad Social (LGSS).

▌Ley 21/1992, de 16 de julio, de Industria.

▌NTE-IEB. Norma Tecnológica de la Edificación-Baja Tensión. Dirección General para la Vivienda y Arquitectura, Centro de publicaciones MOPU, Madrid 1989.

▌Estrategia Española de Seguridad y Salud en el Trabajo 2023-2027.

Textos electrónicos, bases de datos y programas informáticos

▌Agencia Europea para la Seguridad y la Salud en el Trabajo, de: <https://europa.eu/european-union/index_es>.

▌Instituto Nacional de Seguridad y Salud en el Trabajo, de: <https://www.insst.es/>.

▌ISO, Organización Internacional de Normalización, de: <https://www.iso.org/home.html>.